« SEÑOR, ¿EN QUÉ PUEDO SERVIRTE?»

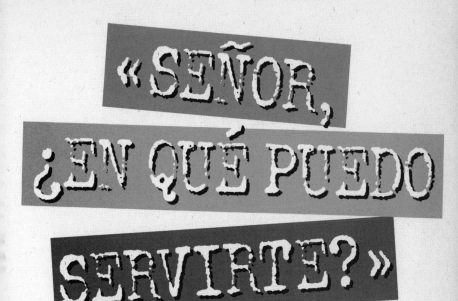

«SEÑOR, ¿EN QUÉ PUEDO SERVIRTE?»

MARCOS WITT

BETANIA

Un Sello de Editorial Caribe

Betania es un sello de *Editorial Caribe*
Una división de *Thomas Nelson, Inc.*

© **1998 Marcos Witt**
Publicado por *Editorial Caribe*
Nashville, TN - Miami, FL

www.editorialcaribe.com
E-mail: editorial@editorialcaribe.com

ISBN: 0-88113-417-1

Impreso en EE.UU.
Printed in U.S.A.
3ª Impresión

CONTENIDO

INTRODUCCIÓN

Una de las preguntas que más me hacen al viajar es: «Marcos, ¿cómo puedo saber en qué servir al Señor?» La pregunta nos indica el deseo que existe en los corazones de miles de personas ansiosas de conocer más acerca de cómo participar en el crecimiento del Reino de nuestro Señor.

Las estadísticas muestran que vivimos en el tiempo de mayor crecimiento de la Iglesia de Jesucristo y que existe una movilización de millones de personas en la misma. A raíz de esta realidad existe una necesidad de hablar acerca de algunos parámetros que nos ayuden a definir nuestro lugar en el Cuerpo de Cristo. Muchas han sido las veces en que personas con muy buenas intenciones y muchos deseos de que Dios las use han cometido graves errores que, en lugar de edificar, destruyen y minan la obra que el Señor desea hacer. Es por eso que he sentido de Dios escribir algunas ayudas prácticas para todas las personas que anhelan involucrarse en esa gran empresa que se llama «El Reino de Cristo».

Algunos de estos pensamientos los comencé a desarrollar en una oportunidad que me dio mi gran amigo Jorge López, de la ciudad de Guatemala, al invitarme a ser uno de los oradores en su Congreso llamado «Explosión Juvenil». El tema que me asignaron era: «¿Cómo saber en qué servir a Dios?» Después de predicarlo por primera vez en aquella ocasión, comenzó a crecer y a desarrollar a tal grado que llegó a tomar la forma de este libro.

Como siempre, mi deseo es que sea una ayuda práctica a tu vida. De ninguna manera pretendo que sea una obra teológica, pero espero que los consejos brindados aquí sirvan de ayuda, bendición, inspiración y motivación para tu vida en el Señor.

Marcos Witt

Capítulo 1

¿SERÉ LLAMADO A SERVIR?

Crecí en una ciudad llamada Durango, al norte del país de México. Se encuentra en las faldas de la Sierra Madre Occidental, un hermoso conjunto de montañas colmadas de millones de árboles de pino. Mis padres me trajeron aquí cuando era un bebé de un mes de nacido. No he conocido otro hogar más que Durango.

La historia de cómo llegó mi familia a esta región del mundo es muy desafiante. Mis abuelos «Witt» salieron de Estados Unidos buscando la voluntad del Señor para sus vidas. Sabían que Dios les había llamado a México como misioneros. Junto con otra pareja, emprendieron el viaje que, finalmente, les traería esta ciudad. Fue así que su hijo mayor, Jerry, vivió aquí su adolescencia, aprendió el español y adquirió una carga espiritual por la región. Después de llegar a la escuela bíblica, Jerry conoció a Nola Holder, quien llegaría a ser su esposa poco tiempo después. Primero, les nació mi hermano mayor, Jerry Jr., y esperaron a que yo naciera antes de regresar a vivir a Durango. De esa manera fue que llegué de un mes de nacido a esta ciudad.

Mi «papá Jerry» (como siempre le hemos llamado en mi casa), murió cuando apenas tenía dos años de edad. La historia de su vida y su trágica muerte se encuentra en el recién publicado libro de mi mamá, *Lo insensato de Dios* (Casa Creación, 1997). Es una historia de fe, visión y confianza absoluta en el Dios que nos llama a su gran obra. Ha sido un desafío para mí contar con una herencia tan valiosa de entrega total a la obra del Señor. En mi casa y en toda la familia, el honor más grande siempre ha sido (y sigue siendo) ser siervo en la obra del Señor. Tanto por el lado de mi «papá Jerry», como el de la familia de mi mamá, servir a Dios es algo que se hace con mucha honra. Es un honor ser miembro del ejército de Dios. Crecí con esta mentalidad y creo que es una de las razones primordiales por las que existe en mi vida un respeto absoluto hacia el ministerio hasta el día de hoy. Tanto el ministerio, como las personas que se dedican a él, son objetos de gran admiración en mi vida.

Antes de morir, mi papá compró una pequeña parcela en las afueras de la ciudad, al lado de un río, cerca de un pueblo que se llama Colonia Hidalgo. Su visión era establecer un centro de preparación para pastores y líderes, así como un lugar para «campamento», donde se pudieran celebrar toda clase de retiros espirituales para niños, jóvenes y adultos. No vivió para ver la realización de este sueño. Mi mamá fue la que comenzó la construcción de lo que él había soñado. Cuando ella se volvió a casar, la obra de construcción continuó hasta lo que es ahora.

Este complejo humilde de edificios llegó a ser un punto central en mi niñez. Fue en ese lugar donde tuve mis primeros encuentros con el Señor. Encuentros muy reales para un niño pequeño. Quedaron sellados en mi memoria las muchas veces que el Señor trató con mi vida profundamente. Recuerdo como si fuera el día de ayer, los momentos que viví en esos campos corriendo y jugando con los niños de los demás pastores y predicadores que nos visitaban. Mis papás organizaban actividades que reunían a personas de diferentes lugares del estado. Eran días de retiro y refrigerio espiritual. En una de esas ocasiones, a los ocho años de edad, sentí fuertemente el llamado de Dios sobre mi vida de manera definitiva y absoluta. Al estar sentado muchas horas sobre esas bancas duras y frías (disciplina requerida por mis padres), escuchaba por muchas horas a un predicador tras otro. Supe que lo que quería hacer al crecer era ser como uno de ellos. A los ocho años de edad no estaba pensando mucho en cómo lograría esto, ni dónde, ni cuándo. Lo único que sabía era que había un ardor y una urgencia en mi pequeño corazón de que el mundo tenía que saber las noticias de la salvación que hay en Jesús.

En muchas ocasiones, mientras todos los niños se encontraban afuera jugando, yo me sentaba en una de esas bancas con una hoja de papel y un lápiz en la mano tomando apuntes de los mensajes de estos hombres de Dios que nos hablaban de la Biblia. Era un niño de ocho años con hambre y sed de la Palabra de Dios. Esas experiencias me han seguido hasta la fecha. Nunca se me ha olvidado el sentir tan fuerte en mi vida de que Dios me estaba escogiendo para su obra.

Desde entonces, y hasta la fecha, mi oración siempre ha sido: «Señor, úsame para tu gloria y para edificación de tu Reino». Ese deseo me consume hasta el día de hoy y creo que es el clamor del corazón de muchos miles de personas en la actualidad. Sin embargo, muchos permitimos que nuestro desconocimiento y nuestras limitantes nos impidan involucrarnos en la obra del Señor. Algo que necesitamos reconocer es que, en distintas medidas, Dios nos ha llamado a TODOS al servicio.

SERVICIO POR AMOR

Es difícil que un niño de ocho años entienda la magnitud de lo que es el amor de Dios hacia el hombre. No obstante, recuerdo haber sentido una medida tan grande de su amor hacia mí, que mi respuesta natural era decirle: «Señor, te serviré». Esta respuesta se debe a que cuando una persona recibe amor incondicional, su deseo es de devolver algo a quien le ha mostrado ese amor. Hay un dicho que lo expresa de la siguiente manera: *Es posible dar sin amar, pero es imposible amar sin dar.*

La razón principal por la que deseamos servir al Señor se resume en esa frase. Queremos servirle porque le amamos. Como lo dijo en una ocasión el apóstol Pablo: «El amor de Dios nos constriñe» (2 Corintios 5.14). Pablo dice que se sentía *obligado*, *forzado* a contar las buenas nuevas de Jesucristo, por el amor que le tenía al Señor. En otra ocasión escribe: «Soy deudor» (Romanos 1.14). Pablo lo veía como una deuda de amor. Conocía que lo que Dios había hecho para nosotros, a través de Jesús, era por amor. La respuesta natural es, por amor, dar a conocer ese amor tan grande que le tiene Dios al hombre. Todos los que hemos sentido una medida del amor del Señor tenemos un deseo natural de darle algo a cambio. Como reconocemos que lo que podemos dar es muy pobre en comparación a todo lo que Él nos ha dado, le ofrecemos lo mejor de nosotros. ¿Qué es lo mejor de lo que le podemos dar? Nuestros talentos, nuestras energías y nuestras capacidades.

Señor, ¿en qué puedo servirte? viene a ser el clamor de nuestro corazón. Y no lo clamamos por obligación ni por quedar bien con Él, sino por el gran amor que le tenemos. Las personas que no se han hecho esta pregunta en alguna ocasión, obviamente carecen de una relación íntima con Él. Quizás haya una falta del fuego de amor en su corazón. Todo el que está enamorado se desvive por ver de qué manera puede servir a su amado. Así los estamos enamorados del Señor, deberíamos estar buscando mil maneras de poder devolverle un poco de tanto amor que nos ha dado. De ahí: *Señor, ¿en qué puedo servirte?*

En el libro de Éxodo, capítulo 21, encontramos las leyes con respecto a los siervos. En los versículos cinco y seis, se habla de un siervo que después de servir a su señor por seis años y de haber disfrutado en el séptimo año su tiempo de libertad, decide que quiere seguir con el mismo señor porque lo ama. En este caso, lo llevarán delante de un juez donde el siervo declarará sus intenciones de permanecer para siempre con su amo, únicamente por la razón del amor. No por compromiso, ni por no tener una mejor oferta, sino solo porque ama a su señor. Sencillamente, el siervo no quiere vivir en ninguna otra casa ni servir a otro señor. A este siervo lo ponían al lado de un poste y con una especie de cincel le hacían una perforación en la oreja. La única razón que los motivaba a hacer esto era para que ese servidor quedara permanentemente señalado de que era siervo o esclavo por amor. Al pasar por las calles, las personas veían a este esclavo y fácilmente lo podían identificar como un esclavo por amor. No por compromiso ni porque lo habían comprado, sino por decisión propia del mismo esclavo. Estos sin duda eran esclavos sumamente agradecidos con sus señores, contentos con el trato que recibían de ellos. En un sentido muy literal, estaban dando su vida misma por ese señor. El esclavo pudo haber escogido algún otro señor u otro destino. Pero no, decide quedarse con la persona que ama. No me puedo imaginar que hubiera algo que le pidiera hacer el señor que no hiciera ese esclavo y con mucho gusto. Esclavo por amor.

Es la misma clase de respuesta que deberíamos tener hacia nuestro Señor amoroso, misericordioso y abundante. Es Él quien nos ha dado todas las cosas que pertenecen a la vida y a la piedad (2 Pedro 1.3). Es Él quien nos ha rescatado de la muerte. Es Él quien nos ha dado vida eterna por medio del sacrificio perfecto. No hay otro Señor que haya hecho por nosotros lo que nuestro Señor Jesús hizo. Es Él quien ha derramado su sangre y nos ha dado su vida. Es Él quien ha perdonado todos nuestros pecados. Es Él quien ha limpiado nuestros errores. Él nos ha traído salvación eterna y vida en abundancia. ¡Cuán grande es Él en su amor por nosotros! En nuestros momentos de debilidad, Él siempre ha estado presto para darnos de su Espíritu Santo. Él siempre nos ha dado las fuerzas para salir adelante. Él siempre nos ha dado la respuesta. Él siempre nos ha brindado la puerta necesaria para huir de la tentación. ¡Cuán enorme es su amor para con nosotros! Cuando hemos estado enfermos, Él nos ha extendido su mano para sanarnos. Cuando hemos estado tristes, Él nos ha dado su gozo que nos fortalece. Cuando hemos caído, su gracia se ha extendido hasta nosotros para perdonarnos y limpiarnos. ¡Cuán inmenso es su amor para con usted y para conmigo! Podríamos pasar días enteros hablando de las grandezas de nuestro Dios. Ni así terminaríamos de decir todas las cosas que ha hecho y lo que significa para nosotros.

La pregunta que realmente deberíamos hacernos es «¿Cómo NO servir a Dios?» ¡Es imposible! ¡TENGO que servirle! Su amor me constriñe. Me obliga y me fuerza a servirle. Lo hago por amor. Lo amo tanto que quiero agradarlo. Quiero, de alguna manera, sentir que a Él le place mucho lo que hago por dar a conocer a otros de ese amor tan grande que ha derramado en mi corazón. Quiero que se complazca cuando le hablo a la gente acerca de su deseo de derramar ese mismo amor en el corazón de todos los hombres en todo el mundo. No hay manera de quedarme callado ante tan grande amor. Mi respuesta natural a esta clase de amor es dedicarme a hacer todo lo posible por agradarle y servirle. De ahí es que nace de nuevo la pregunta: *Señor, ¿en qué puedo servirte?*

SERVICIO POR PRIVILEGIO

Además de *querer* servirle, tenemos que recordar que es un *privilegio* servirle. ¡Qué increíble bendición poder estar cerca del Señor para servirle! ¡Qué privilegio! Me parece un pensamiento que va más allá de lo que puedo comprender. El hecho de que Dios QUIERE usarme para su Reino y que me permita acercarme lo suficiente a Él para conocer sus planes, me conmueve sobremanera. El hecho de que me permita estar lo suficientemente cerca de Él como para oír su corazón, es algo incomprensible. ¡No me lo perdería por nada del mundo! Lástima que hay tantas personas sentadas en congregaciones por todo el mundo que se dan el lujo de preguntar si serán llamados a servir o no. TODOS tenemos el *privilegio* de hacerlo. TODOS deberíamos involucrarnos en su servicio. Sinceramente, creo que las personas que se hacen la pregunta de que si deben o no servir al Señor, realmente no han experimentado un toque verdadero del amor de Dios en su vida. Una vez que hayamos sentido el toque divino de la mano del Maestro, no hay forma de quedarse callado ante tan grande amor. No existe manera de que nos quedemos quietos. No hay manera de estar pasivamente viendo al mundo perecer sin la luz del Señor. Su amor nos *constriñe* a servirle. Así que tenemos dos razones por las que le servimos: por amor y por privilegio.

¿LLAMADOS O VOLUNTARIOS?

Lo que tenemos que preguntarnos ahora no es que si tenemos el llamado a servir o no. Hemos establecido que TODOS tenemos el llamado de hacer algo para el Señor. Ahora hay que saber si nuestra vocación es servirle a tiempo completo o no. Hay muchas personas que se llamaron a sí mismas al servicio a tiempo completo sin que Dios tuviera nada que ver con ese llamado. A estas personas las llamo «voluntarias», no llamadas. Estos voluntarios han causado muchos problemas en el Reino del Señor a causa de que operan en sus fuerzas y entendimientos propios. En muchos lugares lo único que logran es crear confusión, división y distracciones al Espíritu Santo. Es tiempo de saber que para servir en el Reino del Señor a tiempo completo, Dios llama, escoge, capacita y prepara a las personas que Él tiene en mente. No debemos estropear sus planes al introducir algún plan nuestro sobre lo que pensamos que sea la dirección de Dios para nuestra vida. Hay algunas cosas que veremos más adelante que nos podrán ayudar en este punto, pero por ahora, necesitamos establecer que TODOS somos llamados a servir. Es cierto que no todos somos llamados a tiempo completo, pero hay MUCHAS cosas que podemos hacer en la obra del Señor que no requiere todo nuestro tiempo.

HAY UN LUGAR PARA TODOS Algo que estudiaremos a fondo más adelante es que Dios tiene diferentes compañías dentro de su ejército: las tropas que están en las primeras filas, en lo duro de la batalla, peleando para rescatar del enemigo a los que tiene aprisionados. Después, están las personas de apoyo, atrás de los soldados de primera fila. Muchos de estos, se encuentran en el servicio a tiempo completo y son las tropas que dan los primeros auxilios y atenciones médicas, y suplen las necesidades de los soldados que van delante de ellos. En tercer lugar, tenemos a los miembros del ejército que se encuentran en sus lugares normales de trabajo, lejos del campo activo de batalla, haciendo el dinero para poder mantener al ejército vestido, alimentado y preparado. Estos también forman parte de un grupo muy importante de personas que dedican el tiempo de estar orando por los que están en las primeras filas. De TODOS necesita el Señor para que marche bien su ejército. Si uno de cualquiera de estos grupos dejara de hacer lo que le corresponde, no se haría un trabajo completo, sino que habría necesidad y confusión. Por eso es que Dios llama a todos a servir de alguna manera, pero no a todos a servir en las primeras filas de la batalla. Es necesario que entendamos que TODOS tenemos un lugar de suma importancia dentro del Cuerpo de Cristo y que cada uno necesitamos trabajar dentro de su área para que ganemos terreno como ejército y traigamos gloria a nuestro gran General.

Uno de los propósitos que tengo al escribir este libro es de ayudarnos a encontrar nuestro lugar dentro de las compañías que acabo de describir. Ya sea que el Señor nos haya creado para estar en las primeras filas o si nuestro lugar es en una posición de apoyo y de servicio a quienes están en el calor de la batalla. También pudiera ser que tengamos el llamado a financiar el ejército y orar e interceder por ellos. Lo que queremos es que el Señor nos encuentre fieles a nuestro llamado haciendo todo con esa alegría, amor y fidelidad que caracteriza a un «esclavo por amor». Por desgracia, somos muchos en el ejército del Señor que estamos muy desubicados en lo que hacemos. Uno de mis objetivos al escribir es el de ayudarnos a encontrar el lugar preciso que Dios ha preparado para cada uno, según los dones que nos ha regalado. Si existe la necesidad de hacer una reubicación, que la hagamos para edificación de su Reino y el engrandecimiento de su gloria en toda la tierra.

Es muy clara la Palabra cuando enseña que cada uno hemos recibido dones. Considere los siguientes pasajes:

Subiendo a lo alto, llevó cautiva la cautividad, y dio dones a los hombres. (Efesios 4.8)

Teniendo diferentes dones, según la gracia que nos es dada ... úsese conforme a la medida de la fe. (Romanos 12.6)

Cuando escribe a los corintios, el apóstol Pablo está muy preocupado en tomarse el tiempo para explicar el asunto sobre los dones, su uso y administración. A Dios siempre le ha interesado tanto dar los dones como permitir que se les dé expresión. Es más, cuando NO los usamos, nos metemos en mayores problemas, como está claramente explicado en la parábola de los talentos (Mateo 25.14-30) que veremos más detenidamente en el próximo capítulo. El Señor trata con severidad a quienes no usemos los dones y talentos que Él ha invertido en nuestra vida. No los ha dado para que nos adornen de cierta manera, ni para que podamos gloriarnos en ellos. Mucho menos los ha dado para esconderlos por ahí en algún hoyo. Nos los regaló con el fin de que los trabajemos, los invirtamos y les saquemos el mejor provecho posible.

La respuesta a la pregunta *¿Seré llamado a servir?*, es esta: ¡SIN LUGAR A DUDAS!

Tenemos el privilegio y la dicha de servirle por amor. Nuestra respuesta natural a todo lo que Él ha hecho por nosotros. Ahora solo resta encontrar nuestro lugar y empezar a trabajar en él. Lo haremos mediante la gracia que Él da para desarrollar nuestros dones para su gloria. En todo el proceso estará su Espíritu Santo. Nos guiará, nos consolará y nos mostrará todas las cosas que el Padre tiene preparadas para nosotros. Desarrollemos una sensibilidad a su Espíritu Santo para no tropezar en este camino de servirle. Si somos cuidadosos de escuchar su dulce voz, nuestro trabajo será fructífero. Al seguir SUS instrucciones, podemos asegurarnos que Él se encargará de multiplicar nuestro trabajo en el Señor.

A continuación, vamos a considerar algunas cosas muy sencillas para saber cuál es nuestro lugar en esta enorme tarea de edificar el Reino del Señor.

Capítulo 2

«¿QUÉ PUEDO HACER?»

Todos tenemos dones que son un regalo de Dios, pero no todos hacemos lo mismo con los regalos que Dios nos ha dado. Algunos los usan de adorno como para que los alaben, mientras otros simplemente los entierran porque piensan que su regalo es muy insignificante como para realizar un cambio en el mundo. Tenemos que encontrar el lugar de balance y el buen entendimiento con respecto a los dones que el Señor nos ha regalado a CADA UNO. En una ocasión, un noble escribió a su hijo: «Casi no hay quien sea bueno para todo, pero más escaso aun es quien sea absolutamente bueno para nada».[1]

Tendría aproximadamente trece años cuando me sucedió algo que jamás olvidaré. Mis padres se esforzaban mucho por llevarnos durante las vacaciones de verano a visitar a los abuelos, tíos y primos que vivían en Estados Unidos. Como la familia de mi mamá es muy grande (ella es la mayor de nueve), nos pasábamos varios días en la casa de alguno de los tíos para después irnos a la casa de otros, hasta darle la vuelta a todas las casas en las que vivían primos de nuestra misma edad.

Toda la familia de mi mamá ama mucho la música y en la mayoría de las casas que visitábamos escuchábamos

---

1   Lord Chesterfield, *Letters to his son*, 2 de enero de 1748.

mucha música. Claro, en unas más que en otras. Mi tía Carolina, que siempre ha sido muy inclinada a la música —era maestra de piano, directora de coros y muchas otras cosas que desarrollaba en el campo de la música—, cuando ella veía que alguno de los de nuestra generación tenía talento o habilidad en la música, se proponía animarlo y darle oportunidades para desarrollar esa habilidad, ya que era la directora de la música en la congregación. En una de esas ocasiones que me estaba quedando en su casa, íbamos en su auto rumbo a una reunión de domingo por la tarde a la iglesia que pastorea mi abuelito Holder. De pronto, mi tía me dice:

—Marcos, ¿por qué no preparas algo para cantar esta noche en la reunión?

A esta fecha, no recuerdo por qué mi reacción fue la que fue. Lo único que recuerdo es que esa tarde estaba muy molesto por algo y mi respuesta a su petición fue:

—¡NO quiero cantar! ¡Nunca más cantaré! ¡Ojalá ni tuviera el don del canto! Mientras que por dentro pensaba: *Ahora sí, con esa respuesta ya no me molestará más. Qué inteligente soy al ponerla en su lugar y a ver si así aprende a no meterse conmigo.*

Sin embargo, no estaba preparado para lo que seguiría porque la respuesta que me dio no me ha abandonado hasta el día de hoy. Con mucha energía y con una voz muy preocupada, me dijo:

—¡Marcos Witt! ¡Dios no regala talentos y dones para desperdiciarlos! Si tienes ese don, es porque Él tiene un plan para tu vida en ese campo y más te vale darle gracias por lo que te ha dado, porque si no eres agradecido y no usas ese regalo, te lo va a quitar y se lo va dar a alguien que sepa valorarlo y usarlo para Él. NUNCA jamás quiero que vuelvas a decir una cosa tan absurda como la que acabas de decir.

Mi tía estaba tan molesta que casi detiene el auto para «ministrarme» con «imposición de manos». (¿Me explico?)

Viajamos varios kilómetros en absoluto silencio. Nadie se atrevía a decir nada. Mientras tanto, el Espíritu Santo estaba tratando conmigo a través de las palabras que me habló mi tía Carolina. ¡Tenía razón! *¿Cuántas personas no hay en el mundo que quisieran alabar al Señor con su voz y no pueden?*, iba pensando. En verdad fue muy absurdo lo que dije y la convicción del Señor estaba sobre mi vida de una manera fuerte en ese momento. Estaba verdaderamente arrepentido por lo que dije. De pronto, mi tía volvió a hablar y para entonces, yo estaba MUY atento a lo que iba a decir.

—Esta noche no tienes opción —me dijo—. Vas a cantar y te voy a llamar al frente públicamente para que no te puedas escapar. Así que más te vale ir pensando qué vas a cantar. No voy a permitir que satanás se goce con el pensamiento tan horrible que te sembró en la mente y la mejor manera de combatirlo es haciendo que tú hagas lo que dijiste que no querías hacer.

Fin de la historia. Esa noche canté y le aseguro que fue la última vez que permití que saliera de mi boca una declaración de esa naturaleza.

El problema es que hay demasiada gente con la misma actitud que tuve yo, pero que no tienen el privilegio de tener una tía Carolina que les ponga en su lugar y que los impulse a hacer lo que Dios quiere que hagan. Todos necesitamos de una tía Carolina.

Espero que este libro sirva para hacer eso: Impulsarlo a usted a levantarse y hacer las cosas para las que Dios lo ha capacitado y dejar de estar engañándose a sí mismo y a todos los que estamos a su alrededor que sabemos que Dios le ha llamado y le ha capacitado para la extensión de su Reino.

¿QUÉ SI EN REALIDAD NO TENEMOS DONES?

El caso es que TODOS tenemos diferentes dones, TODOS tenemos la gracia para desarrollarlos, TODOS debemos usarlos y TODOS tenemos una medida de fe para poderlos usar. Así que TODOS deberíamos de gritar un fuerte «ALELUYA», por la generosidad y abundancia que Dios nos muestra a cada uno de nosotros.

Pues si vosotros, siendo malos, sabéis dar buenas dádivas a vuestros hijos, ¿cuánto más vuestro Padre que está en los cielos dará buenas cosas a los que le piden? (Mateo 7.11)

Dios es un Dios que da a manos llenas. Es un Dios que vive para dar. Es un Dios que no pensó que el precio era demasiado alto como para darnos aun a su Hijo Jesús para nuestra Salvación. Es un Dios que le gusta mucho dar y hacerlo en abundancia. En este versículo, hasta pregunta: «¿Cuánto más...?» Si tenemos el deseo de bendecir a nuestros hijos con todas las cosas y que no les falte nada, Dios pregunta: «¿Cuánto más...?» Si nuestros padres terrenales trabajaron y se esforzaron toda su vida para asegurarse que tuviésemos todas nuestras necesidades suplidas, Dios pregunta: «¿Cuánto más...?» Si alguien alguna vez ha pensado que a la hora que Dios regaló los dones se encontraba en la parte de atrás de la fila, esa persona necesita recordar que no importa si tiene muchos dones o no, el asunto es que los tiene, porque Dios reparte dones a TODOS y quiere regalarles dones a TODOS y quiere usar a TODOS para traer contentamiento a su corazón a través de su gloria que lleva a la tierra usando los dones que nos da para ese fin.

A veces miramos a ciertas personas que pueden hacer muchas cosas y permitimos que eso nos haga pensar que somos cristianos de menor categoría porque solo hacemos una o dos cosas, cuando nuestra reacción debería ser de agradecimiento por lo que SÍ podemos hacer. Además, debemos tomar el reto de pensar que quizás no hacemos más porque no hemos dedicado el tiempo a desarrollar esas áreas en nuestra vida. Es hora de ir buscando cada vez más los dones que nuestro Padre celestial nos ha dado.

El que no escatimó ni a su propio Hijo, sino que lo entregó por todos nosotros, ¿cómo no nos dará también con Él todas las cosas? (Romanos 8.32)

Y vuelve a preguntar: «¿Cómo no?» Solo que esta vez no lo limita a solo dar «buenas cosas», sino que en esta ocasión se ve aun más espléndido y generoso al decir: «Nos dará ... ¡TODAS LAS COSAS»! El énfasis está en la palabra «todas». Es un Dios que no detiene ninguna cosa buena a los que se lo piden. Es un Dios que al ver la situación en la que se encontraba el hombre no pensó que el precio de dar a su propio Hijo era demasiado alto para esta gente, para este pueblo, su creación que tanto ama. ¡Qué Dios tan increíble tenemos en verdad!

Quisiera llamar la atención al hecho de que en estos dos versículos tenemos el asunto de las preguntas que se nos hacen en cuanto a los dones y lo que Dios quiere regalar. Pero, ¿por qué la Palabra nos pregunta? Creo que la razón es que en nuestro corazón existe una tremenda falta de fe. Se nos dificulta creer que en realidad tenemos a un Dios

«TAN» generoso, a un Dios «TAN» dadivoso. Para atacar esa incredulidad Dios nos tiene que retar a través de estas preguntas: «¿Cuánto más?» «¿Cómo No?» En otras palabras: «¡Quítense de la mente que es algo imposible! SÍ, soy un Dios que da todas las cosas. SÍ, soy un Dios que da cosas buenas a los que me las piden. SÍ, soy un Dios de generosidad y abundancia. SÍ, soy un Dios que quiero darles lo que necesitan para llevar mi gloria a toda la tierra. SÍ, soy un Dios que quiero llenarlos de cosas buenas para que puedan compartirlas con todos los que están a su alrededor. SÍ... SÍ... SÍ...»

Desechemos esa incredulidad en nuestras vidas y despertemos al HECHO de que Dios YA ha dado dones, YA ha capacitado, YA nos ha entregado todo lo que necesitamos para hacer su obra, solo nos resta desarrollarlos y ponerlos en acción para su gloria.

LOS DONES EN ACCIÓN

De manera que, teniendo diferentes dones, según la gracia que nos es dada ... úsese conforme a la medida de la fe. (Romanos 12.6)

En este pasaje hay varias cosas que me llaman la atención:

Teniendo diferentes dones. Al escribirlo, el apóstol establece que es UN HECHO que todos tenemos diferentes dones. Lo escribe como declaración. No está en duda, sino que es una verdad.

Gracia. Junto con el don, Dios da gracia para poder USAR el don. La gracia es algo que recibimos sin merecerlo y que no podemos comprar. Es algo que Dios da de la abundancia de su generosidad. La razón de que muchos intentan usar sus dones dentro de sus capacidades y entendimiento es fundamental en el fracaso y la frustración.

Cuando aprendamos a usar los dones que recibimos junto con la gracia que el Señor da, empezaremos a ver mejores y más grandes resultados de nuestro trabajo para Él. Es indispensable aprender a vivir dentro de Su gracia. De nuevo, no puedo dejar de emocionarme al pensar que Dios no tan solo nos regala los dones, sino también nos regala la gracia para saber USAR los dones. ¡Qué Dios TAN generoso! Como lo dice mi querido amigo y hermano Wayne Myers: «Cuando Dios da, hasta los costales presta para llevar lo que nos ha dado». Es un Dios abundante y generoso.

Úsese. Otra palabra muy fuerte. Al saber que tenemos un don y que además tenemos la gracia para usarlo, lo importante ahora es USARLO. No como tantos que lo tienen guardado o escondido en un hoyo porque piensan que su don es demasiado insignificante. Necesitamos usarlo cuantas veces podamos en cualquier lugar o situación. Los dones y la gracia que Dios nos ha dado no son de adorno ni como premio a nuestra espiritualidad, sino que nos lo dio para usarlos. Es más, los dones y la gracia los recibimos en el momento que nos engendran y a partir de allí Dios echa a andar el plan que elaboró para nuestra vida. Desde ese instante pone en práctica el plan que tenía para nosotros desde antes de la fundación del mundo. Los dones no son algo que viene después como recompensa o juguete espiritual, sino como parte del plan integral de Dios para nuestra vida. Así que... «¡ÚSESE!»

Conforme a la medida de la fe. Además de darnos la gracia para usar los dones, Dios nos dice que necesitamos usar la fe y es por eso que nos da a todos una medida de fe que podemos incrementar. Por tanto, sea la medida pequeña o grande, hay que usar los dones con la medida de fe que tenemos. Muchas personas se han metido en problemas no por falta de don. Todo lo contrario, descubren un don y la gracia para usarlo, pero se van más allá de los límites de la medida de la fe que tienen y se encuentran muy comprometidos en algo, o metidos en algún problema por no permanecer dentro de la medida de su fe. Por ejemplo, David antes de matar a Goliat pasó por el entrenamiento de un oso y un león y quién sabe qué cantidad de otras fieras que no menciona la Biblia. Para llegar a ser alguien que matara gigantes, tenía que empezar dentro de su medida de fe: en lo pequeño primero. Conforme su medida de fe fue creciendo, llegó el momento en el que matar a un gigante no era un problema, simplemente porque su fe le alcanzaba para esa tarea. Quizás si a David en algún momento de su vida le hubieran dicho que iba a matar a un gigante, no lo hubiera creído porque su fe no alcanzaba para eso. Pero después que fue creciendo en su medida de fe, llegó el día en que no solo pudo creerlo, sino que desempeñó la tarea con éxito. Así nosotros, cuando descubrimos un talento, lo tenemos que desarrollar paulatinamente dentro de nuestra medida de fe. Eso irá en crecimiento hasta el día en que hagamos todas esas cosas que nos atrevimos a soñar.

¿QUÉ HACEMOS CON LOS DONES? De inmediato, analicemos lo que el apóstol Pedro escribió al respecto.

Cada uno según el don que ha recibido, minístrelo a los otros, como buenos administradores de la multiforme gracia de Dios. (1 Pedro 4.10)

Este pasaje nos enfoca la necesidad de tener en cuenta dos aspectos importantes: Los dones son para otros y para administrarlos como es debido. Consideremos ambas cosas.

Los dones los tenemos para OTROS, no para nosotros

Hay una infinidad de personas que piensan que sus dones son para traer alguna clase de gloria personal y los utilizan para una demostración de esa gloria aun cuando la Biblia es muy clara y nos dice que Dios da las cosas para que El reciba toda la gloria y que su Cuerpo reciba beneficio y bendición de los regalos que Él ha dado. Es muy importante recordar que si tenemos algo, es un regalo que vino del Padre de las luces (Santiago 1.17) y que no es para nuestra gloria y engrandecimiento personal sino para «ministrar a otros». ¡Qué importante es este punto!

La palabra «ministrar» en este pasaje quiere decir: «ser un siervo, como un sirviente doméstico, asistente, mozo». A muchos se nos ha olvidado que la razón principal por la que Dios regala dones es para que sean de bendición a otros, que sirvan a otros y que edifiquen a otros. Este es el enfoque que deberíamos tener al reconocer nuestros dones y al descubrirlos. Si tenemos algún don es para que lo usemos para servir y ayudar a los demás, no para servirnos de nuestro don.

Hace poco escuché una frase muy interesante que me hizo reflexionar y es esta: «Esa persona se está sirviendo del ministerio». La explicación es: Alguien que se aprovecha de su posición en el ministerio o de los dones que tiene para provecho personal, ya sea en un negocio o en una posición o en cualquier otra cosa que no sea la que les corresponde como ministros (o sea, «siervos»). De esta

...nas hay muchas y es necesario que no sea... ...ellas. Debemos ser hombres y mujeres com... ...os a utilizar los dones y las habilidades para ...los demás y no a nosotros mismos.

El ministerio y las tareas dentro del mismo no son para un beneficio personal sino para la edificación del Reino de Dios. ¡Cuántos gobiernos hay en el mundo que se aprovechan de sus posiciones y se engrandecen a causa de ellas! Sin embargo, Jesús dijo: «Mas entre vosotros no será así, sino que el que quiera hacerse grande entre vosotros será vuestro servidor» (Mateo 20.26). Dios quiere que usemos nuestros dones para servirnos los unos a los otros.

Debemos ser buenos mayordomos de lo que se nos ha entregado

Pedro escribe que debemos administrar bien los dones que tenemos. El diccionario habla de administrar como «gobernar, regir». Tenemos la responsabilidad de gobernar bien los dones que Dios, con tanto amor, nos ha entregado. Tenemos que ser cuidadosos de no permitir que haya fugas de eficiencia en materia de nuestros dones. Un buen administrador es alguien que vela por el bienestar de lo que gobierna. Constantemente está buscando cómo mejorar su sistema de trabajo, cómo sacarle mayor provecho a los bienes que tiene y cómo ser más eficiente gastando menos para obtener un beneficio mayor.

Un mal administrador es alguien al que no le importa cuánto se gasta ni dónde quedó el control de las cosas. Es alguien que, en la mayoría de los casos, no sabe valorar lo que tiene porque muchas veces lo obtuvo con facilidad y no le da la debida importancia. ¡Cuántos somos malos mayordomos en el Reino! Tenemos que cambiar esa tendencia. Tenemos que formar parte de un grupo de personas que sepa valorar lo que se nos ha regalado. Que conozcamos que todo lo que tenemos se debe a un GRAN precio, precio de sangre, la vida misma de nuestro Señor. Que seamos personas que cuidemos al máximo cada uno de los detalles relativos a nuestro don y a nuestra área de trabajo.

La Biblia habla mucho de la mayordomía y de los siervos fieles e infieles. ¿Qué clase de siervo seremos usted y yo? ¿Estaremos aquel día delante del gran Señor y escucharemos las palabras de: «Bien, buen siervo y fiel ... entra en el gozo de tu Señor» (Mateo 25.23)? ¿O seremos algunos de los que oiremos «echadle en las tinieblas de afuera; allí será el lloro y crujir de dientes»? Lo que escuchemos en aquel día tiene que ver con nuestra mayordomía. ¿Somos buenos mayordomos?

Creo que no hace falta repasar los pasajes donde Jesús enseña por medio de parábolas acerca de los talentos y la fidelidad de uno y la desobediencia de otro. Uno de esos pasajes se encuentra en el libro de Mateo 25.14-30. Vale la pena que se tome el tiempo y se familiarice con esta historia porque hay mucho que aprendemos de ella. Recuerde que las parábolas son historias que Jesús usa para enseñarnos cómo es el Reino de los cielos. Siempre comienza diciendo: «Porque el Reino de los cielos es semejante a...» Con esto, Él nos dice que lo que aprenderemos de la historia es un paralelo a un principio de su Reino eterno.

Lo que vemos en el relato de Mateo es que Dios reparte dones en diferentes cantidades a cada uno, pero de todos espera fidelidad en su mayordomía. Lo que quiere ver es si vamos a «trabajar» nuestros talentos en el sentido de sacarles el provecho o si vamos a «esconderlos». De nuevo repito lo que he estado diciendo en todo el capítulo: Dios nos ha dado dones a TODOS. Cierto que unos recibieron más que otros, pero en la medida que seamos fieles con lo que nos ha dado, podemos hacer que un talento se convierta en dos y dos en cuatro y cuatro en ocho, etc... El asunto es que tenemos que empezar a «trabajar» los talentos que tenemos para que produzcan más. El único que no salió bendecido en esta historia es la persona que tomó su talento y lo escondió. El señor le dijo que le quitaran el talento que tenía y se lo dieran al que ya tenía porque el que tiene talentos y los sabe usar y desarrollar, recibirá aun más para que estos produzcan más. Sin embargo, el que tiene uno y no lo sabe desarrollar es como si no tuviera ni uno. Por eso dice que «aun lo que tiene le será quitado», porque es como si no lo tuviera ya que lo tiene escondido. ¡Qué peligroso es esconder los talentos que Dios nos ha dado! Tengamos mucho cuidado de usarlos para que Él nos dé más y no nos quite el que tenemos. Seamos buenos mayordomos. Gobernemos y rijamos bien nuestros talentos.

Antes de seguir adelante, quiero enfatizar lo que la primera epístola de Pedro nos dice en el verso 11 del capítulo 4: «Para que en todo sea Dios glorificado por Jesucristo, a quien pertenecen la gloria y el imperio por los siglos de los siglos. Amén». Este es el fin de todo: Que Dios reciba la gloria. Que Él reciba el honor y la alabanza. Que Él sea levantado en alto y bendecido. Por eso es que tenemos que ser cuidadosos de usar bien los dones que nos ha entregado. Por eso tenemos que ser buenos mayordomos de los talentos que nos ha regalado. De todo y en todo Él tiene que recibir TODA la gloria y TODA la honra y TODA la alabanza. ¿Está de acuerdo?

¿CÓMO DESCUBRIMOS LOS DONES QUE TENEMOS? Una muy buena pregunta. Después de hablar algo de todo lo que la Biblia dice con respecto a que TODOS tenemos dones, hablemos un poco acerca de CÓMO descubrir esos dones y algunas ideas prácticas para empezar a usarlos.

Busquemos las aptitudes naturales en la vida

Todos tenemos cosas que hemos logrado con más facilidad que otras. Por ejemplo, cuando estudiaba en la primaria, me di cuenta que las matemáticas eran algo que no iba de acuerdo a mi personalidad (entiéndase esto: no era bueno para los números). Recuerdo que de todos mis años de estudio, la única materia por la que he derramado lágrimas ha sido el Álgebra. ¡Cómo sufría! Estaba convencido que era una de las armas del enemigo para traer confusión a mi vida. Jamás he llorado por ninguna otra materia en toda mi vida. Por cierto, en mi salón había una amiga llamada Betsy Ross que tenía mucha facilidad para las matemáticas. Es más, algún tiempo después recibió el título de estudios superiores nada menos que en matemáticas. En lo personal, como es algo que no me gusta y en lo que no tengo facilidad, no me puedo imaginar a alguien entregándole todos esos años de su vida y titulándose en un campo que, personalmente, no me agrada. Pero por eso Dios nos ha hecho a todos distintos para hacer algo diferente con todos.

Es importante que vayamos descubriendo esas cosas que catalogo como «aptitudes naturales» en la vida. Por ejemplo, tengo un hermano mayor que se llama Jeremías que tiene una facilidad impresionante para la mecánica. Desde pequeño le gustaba desarmar las cosas para saber cómo funcionaban y ver si las podía volver a armar. Es lamentable, pero mientras pulía ese talento, varias cosas quedaron rotas para siempre. Después se recibió como mecánico de aviación. Esto le ha servido extraordinariamente para la obra que está desempeñando de ir «Hasta lo último de la sierra» predicando el evangelio a los grupos autóctonos de México. Vuela en su avioneta hasta lugares que no se puede entrar por tierra ya que el viaje demoraría de treinta a cuarenta horas.

Otro ejemplo es mi hijo, Jonathan, de siete años de edad, que siempre está haciendo algo que él llama «un proyecto». Le fascina construir cosas. Toma algo de aquí y lo junta con algo de allá, uniéndolo con pegamento, dos o tres ligas, algo de hilo y... ¡ZAS! ha hecho alguna invención. Se nota desde su temprana edad que le resulta fácil el trabajo manual. Será una de esas personas que siempre tendrán algo para hacer entre manos. Quizás un constructor, un ingeniero o arquitecto, ¿quién sabe? Lo que sí se sabe es que podemos ver las cosas que nos resultan fáciles como una pista para saber algunos de los talentos que tenemos. Aptitudes naturales. Necesitamos descubrir las cosas que no tan solo nos GUSTA hacer, sino que también nos son FÁCILES de hacer.

Hagámonos algunas preguntas

Para encontrar aptitudes naturales en la vida, necesitamos preguntarnos algunas cosas:

¿Qué nos GUSTA hacer? Creo que la respuesta a esta pregunta es muy fácil, porque en la mayoría de los casos descubrimos muy pronto lo que nos gusta hacer. Si encontramos placer en alguna actividad o en alguna materia, es muy probable que sea una aptitud natural que Dios nos ha

puesto en la vida porque le gusta vernos contentos. Además, es muy probable que lo que nos causa alegría lo haya puesto Él porque quiere que estemos alegres. (¿Recuerdan el verso que dice que vino para darnos «vida en abundancia»? [Juan 10.10]). Así que, no pensemos que no puede darnos gozo servir a Dios, todo lo contrario, Dios quiere que le sirvamos con alegría (Salmo 100.2).

¿Hay algo que nos «llama la atención» hacer? Muchas veces miramos las cosas y pensamos: «Hmm... ¿Cómo sería si pudiera hacer eso?» Es probable, que pronto descubramos uno de los talentos que Dios nos ha dado. Por ejemplo, hace muchos años que los aviones y todo lo relacionado con la aviación me llaman la atención. Recuerdo que desde pequeño leía revistas acerca de las avionetas y veía las fotos admirando su belleza, anhelando que algún día pudiera ser piloto de alguna de ellas. Sin embargo, en mi casa se sabía que el apasionado por las avionetas era mi hermano mayor y que los demás nos teníamos que resignar con el hecho de que algún día él sería el piloto y así fue. Mi hermano recibió su licencia de piloto hace muchos años y desde entonces cuenta con su propia avioneta. Nunca perdí el deseo ni el entusiasmo por llegar a ser piloto y de volar una de esas máquinas increíbles. Después de todos estos años de llamarme la atención, un día realicé el deseo de aprender a volar y hoy en día tengo mi licencia de piloto y también una preciosa avioneta que Dios me brindó para viajar con mayor rapidez y facilidad para extender su Reino.

¿Se da cuenta de lo que le hablo? Si nos llama la atención, probablemente pronto descubriremos un nuevo talento que ha estado latente dentro de nosotros. Hoy día, cuando vuelo mi avioneta, me doy cuenta que es algo que disfruto y que lo hago con facilidad. En otras palabras, me he dado cuenta que tenía un talento por ahí escondido que me hacía falta sacar a la luz. Si algo nos llama la atención, quizás sea un talento escondido.

¿Habrá algo que ni nos guste ni nos llame la atención, pero que tampoco hemos probado? Muchas veces no descubrimos talentos escondidos simplemente porque no tenemos una actitud de aventura. No nos gusta salir de nuestra zona de comodidad y por eso nunca intentamos cosas nuevas. Así que ni nos llaman la atención, ni sabemos si nos gustan o no. Creo que una de las actitudes que debemos tener es esa de que vamos a probarlo todo. Antes de que lo rechacemos, porque nos «parece» que no nos va a gustar, vamos a intentarlo para saber si es algo que podemos o no hacer.

En la actualidad, una de las cosas que se observa en el mundo (sobre todo en el Reino del Señor) es una falta general de esa actitud de arrojo y atrevimiento por hacer las cosas que en años pasados caracterizaba a nuestros padres en la fe. Necesitamos complementar la primera pregunta con otra: «¿Cómo sabemos si algo nos va a gustar o llamar la atención si nunca lo intentamos?» Nunca se sabrá si no se prueba. Necesitamos ser más aventureros.

Un perfecto ejemplo de este punto sería mi buen amigo Juan Salinas, reconocido como uno de los mejores productores de la música cristiana en toda América Latina. La forma en que Dios lo llevó a la música es una historia verdaderamente increíble. Antes de conocer al Señor, Juan y algunos amigos pasaron frente a una escuela de música cuando uno de ellos le dijo a Juan: «A que no entras a esa escuela y te inscribes en la carrera de música». Y Juan le respondió: «A que sí lo hago y me inscribo». En seguida, Juan entró y se matriculó. Era una escuela que estaba a tres horas de la ciudad donde vivía, por eso se mudó a esa ciudad y terminó la carrera de maestro de música casi cinco años después.

Mientras aún estudiaba, el Señor lo alcanzó y ahora lo que antes ni le llamaba la atención ni le gustaba ha llegado a ser la razón principal por la que vive y ha bendecido a millones de personas a través del mundo entero. Todo porque fue aventurero y se atrevió a hacer algo que ni estaba seguro si le iba a salir bien o no.

Ese corazón de aventurero ha seguido en la vida de Juan y me admiro de las veces que Dios lo ha llevado a tantas cosas, solo porque Juan tiene la disposición de decir: «SÍ, Señor, úsame en lo que quieras. No estoy seguro si me gusta, ni si me llama la atención, pero voy a probar y confiaré en que tú estarás allí para guiarme».

Mi pregunta en este momento es: «¿Cuántas bendiciones del Señor nos perdemos solo porque no queremos abandonar nuestra comodidad y no intentamos hacer algo nuevo y diferente? Seamos aventureros.

Dedíquemos tiempo a descubrir nuevas fronteras en las habilidades

Es decir, matricularnos en algunas clases de algo que nos guste, buscar un maestro en algún campo nuevo o diferente. Debemos dedicar tiempo a aprender más en áreas que ya descubrimos. Por ejemplo, si ya sabemos que uno de los dones es cantar, busquemos un maestro de canto para cultivar ese don en una mayor capacidad. Si nos percatamos de que podemos ser un buen administrador de empresas, debemos buscar cursos, clases, instrucción que amplíen nuestros conocimientos y nos conviertan en un mejor administrador. Siempre debemos procurar la manera de ampliar las fronteras en las habilidades que tenemos. El que no cree poder recibir instrucción en algo es ese que va derecho hacia el estancamiento. Necesitamos escuchar constantemente a otras personas para aprender sobre sus conocimientos, habilidades y experiencia. Trabajemos para ampliar las fronteras de nuestras habilidades.

Algo que tendremos que aceptar es que esto requerirá tiempo. No esperemos que las cosas sucedan solas, sino que necesitamos apartar tiempo para asistir a cursos, buscar maestros y sentarnos para aprender. El proceso de aprender es algo que nunca termina en la vida y necesitamos tener siempre un tiempo disponible para dedicar a ampliar las fronteras de nuestras habilidades. Esto es muy importante.

> *Aprende de los diestros: El que se enseña a sí mismo tiene a un necio por maestro.*

> *Las únicas cosas que vale la pena aprender son las que aprendes después de saberlo todo. Harry S. Truman*

> *El que ama la instrucción ama la sabiduría. (Proverbios 12.1)*

Abandonemos las cosas en las que descubrimos que no tenemos aptitud

«Pero es que me llama la atención y me gusta mucho», dices. Sin embargo, no tienes aptitud y lo único que logras es que te reprochen y dar un mal testimonio. Que algo nos llame la atención y nos guste no lo es todo. Por ejemplo, cuando fui ministro de música en mi congregación, tuve la desdicha en muchas ocasiones de hacer audiciones a personas que tenían un gran deseo de ser parte del minis-

terio de la alabanza, pero no afinaban por nada del mundo.
¡Aquello era un desastre! Venían para decirme que tenían
un deseo enorme de servir al Señor en el canto y que era
algo que les llamaba mucho la atención. Sin embargo,
después de escucharlas treinta minutos sin entonar una
sola nota, me tocaba la muy desagradable tarea de tener
que sugerirles otras áreas de ministerio en la congregación
donde quizás podrían ser útiles. «Maestro de Escuela Do-
minical», les decía. «Ministerio en la sala de cuna, con los
bebés, ujieres, seguridad». Cualquier cosa, pero era obvio
que no había aptitudes, por lo menos no en ese momento,
para ser parte de un ministerio que requería de esas aptitudes específicas.

Muchos lo tomaron como un reto, se pusieron a estudiar música y descubrieron talentos en la música y en el
canto. Ahí está lo bonito: Tomar las cosas por el lado
positivo y pensar que aunque nos llame la atención y nos
guste hacerlo, puede ser que lo que necesitamos es más
tiempo de instrucción o por el otro lado a lo mejor Dios
tiene otra tarea en la que quiere desarrollarnos. Recordemos que nunca sabremos si nos va a gustar algo o no hasta
que nos involucremos.

No debemos aferrarnos a nuestras preferencias, sino ser
sensibles a los cambios y a las cosas nuevas. Si en boca de
dos o más testigos le confirman que no puede cantar, no
se aferre, por favor. Busque un campo nuevo. Si más de
una persona le ha dicho que sus predicaciones solo duermen a los hermanos, piense en la posibilidad de que su
tarea no es la predicación. Si las paredes del templo se
cayeron después que las edificó el año pasado, es probable
que su especialidad no sea la construcción de templos (ni

ninguna otra clase de edificio) y necesita buscar otro campo de servicio.

Todos los días, cada semana mes y año de nuestra vida podemos estar descubriendo los talentos que Dios nos ha dado. Nuestro fin debe ser «ministrarlos a otros» para que Él reciba toda la gloria, la honra, la alabanza, el imperio y las riquezas, por los siglos de los siglos. AMÉN.

¿CÓMO EVITAR EL FRACASO?

Hasta la fecha no he conocido a una sola persona que me diga que su mayor anhelo en la vida es fracasar. Todos tenemos el deseo de hacer cosas buenas, ser parte de algo que tenga éxito, sobresalir en lo que hacemos y que reconozcan nuestro trabajo. De hecho, Dios desea nuestro éxito y nuestra prosperidad.

En cierta ocasión escuché a un predicador decir que Dios nos ha «programado para el triunfo». Esto es cierto. Dios lo ha dado todo para que tengamos éxito en la vocación a la que nos ha llamado. No escatimó ni a su propio Hijo para nuestra victoria.

Entonces, surge la pregunta: ¿por qué tantos nunca hacemos nada y se nos van los años sin resultados en el ministerio o trabajo? Creo que una de las razones se encuentra en nuestra falta de compromiso en buscar consejo y aceptar la corrección de otras personas como familiares y líderes que están a nuestro alrededor.

Un predicador narra que un día en que fue a visitar una congregación en particular buscó un lugar donde orar y reafirmar sus pensamientos antes de subir a la plataforma. Se trataba de la primera visita que hacía a dicho lugar y no conocía bien las instalaciones. Así que descubrió una puerta cerca de la plataforma y entró cerrandola detrás de él. La oscuridad era mucha y comenzó a buscar a tientas algún interruptor para prender las luces. Después de un rato de búsqueda infructuosa, decidió que no hacía falta luz para poder orar. Entonces, comenzó a orar en la oscuridad. Poco a poco sus ojos se fueron acostumbrando a la oscuridad hasta que se dio cuenta de que se encontraba en una pequeña habitación donde guardaban muchas cosas diferentes. No obstante a eso, en el centro de la habitación había un espacio lo bastante amplio donde podría orar caminando de un lado a otro, como solía hacer mientras oraba. Al comenzar su primera vuelta y cruzar el centro del pequeño recinto, algo lo golpeó ligeramente en la cara. Cada vez que regresaba al mismo sitio se daba cuenta de que eso que lo golpeaba estaba en el mismo lugar. Entonces decidió que cuando se aproximara al lugar, soplaría fuerte el objeto misterioso para quitarlo de su camino y para que no le golpeara. Esto se convirtió en una rutina cuando de pronto alguien golpea a la puerta llamándolo e informándole que era casi la hora de comenzar la reunión. Al abrir la puerta, el predicador invitado le explica al pastor de la iglesia que estaba en ese cuarto con el objetivo de orar, pero que nunca encontró cómo ni dónde estaba el interruptor para prender la luz. El pastor le respondió tranquilamente: «Ah, pues con solo jalar un cordón que está más o menos aquí... se prende la luz». Dicho y hecho, el pastor jaló el cordón y se iluminó la habitación. Entonces el predicador invitado se da cuenta que el objeto misterioso que tanto sopló para que no lo molestara era, precisamente, ¡el que encendía la luz!

Así es el consejo y la corrección. Los tenemos delante y podrían encender las «luces» en nuestra vida y sin embargo nos encontramos soplando el cordón que lo haría. En lugar de andar en la luz seguimos caminando en la oscuridad que viene como resultado de no atender el consejo y apreciar la corrección. En este capítulo quiero invitarlo a que veamos algunos de los beneficios que trae a nuestras vidas el consejo y la corrección.

LOS BENEFICIOS DEL CONSEJO

En el libro de Proverbios podemos ver cuatro pasajes principales que hablan de lo que sucede cuando buscamos el consejo. Veamos cada uno individualmente.

Los pensamientos se ordenan

> Los pensamientos con el consejo se ordenan;
> Y con dirección sabia se hace la guerra.
> (Proverbios 20.18)

La mayoría de nosotros cuando tenemos una visión o un sueño de realizar algo, lo que existe al principio es una serie de ideas y pensamientos alrededor de una idea central. Por lo general, es muy raro que estos pensamientos vengan de manera sucesiva, sino que casi siempre recibimos una lluvia de ideas en desorden. Hace falta que los ordenemos y esto es algo que acontece cuando buscamos el consejo de otras personas.

Puede haber parte de la visión sea que otros nos ayuden a organizar porque han hecho algo similar o porque tienen experiencias en esas áreas o simplemente porque tienen una capacidad de organización mayor a la que tenemos nosotros.

Necesitamos reconocer las habilidades de otras personas. Con el consejo que nos den podemos suplir nuestras debilidades con las habilidades que ellas tienen. Al sentarnos con ellas podemos comentarle cuál es nuestro sueño o visión y darnos cuenta de que nuestros pensamientos no

están en orden. Con solo hablarlos en voz alta nos enteramos de la necesidad de organizarlos. Esto es solo uno de
los beneficios que surgen a raíz de buscar consejo.

Recuerdo los primeros años que estuve soñando con
empezar una compañía de música cristiana que tuviera sus
propios estudios de grabación y una red de distribución
en todo el mundo hispano. En ese entonces ni sabía cómo
se iba a llamar la compañía, ni cómo se iban a facilitar
muchas cosas para lograr mis propósitos. Solo sabía que
tenía una gran idea, un gran sueño, una gran visión. Hacía
falta organizar los pensamientos.

¿Qué hice? Empecé a contarle la idea a varios de mis
amigos muy cercanos. Uno de ellos se llama David Bell,
con quien he tenido una amistad muy estrecha desde los
años de mi juventud. Con solo comentárselo, pude contar
con una mente brillante. David tiene una capacidad impresionante para organizar pensamientos. Su punto fuerte
son las computadoras y, antes de entrar al ministerio a
tiempo completo, tuvo varios trabajos donde diseñaba
sistemas de computación y escribía los elementos de pro-
gramación necesarios que apoyaran los sistemas que in-
ventó. Cualquiera que sabe algo de computadoras se da
cuenta que para escribir los programas hace falta una
mente muy capaz en cuanto a la organización del pensamiento. Le doy gracias a Dios que tuve la sensatez de
hablar con alguien que me ayudara a ordenar mis pensamientos.

En la actualidad, muchas de las bases que están estable-
cidas en nuestro ministerio existen por algunas de esas
conversaciones que tuve con mi amigo David. Ahora,
como él hubo varios que me ayudaron en distintas áreas y
que me dieron la mano para ordenar mis pensamientos.

Asimismo, usted tiene a su alrededor personas que Dios preparó para ayudarles a ordenar sus pensamientos y quizás ni siquiera las han valorado ni localizado. Es tiempo de dejar de «soplar» el cordón que enciende la luz. Háblele de sus ideas y visiones a algunas personas que Dios ha puesto a su disposición. Ellas ayudarán a darle forma, vida y carácter a esos pensamientos que hasta ahora solo han sido ideas y sueños.

Un camino práctico que podemos tomar es el de comenzar a escribir todas las ideas que nos vengan a la mente. No es necesario que se anoten en orden. Lo importante es escribirlas para poder usarlas después como una referencia. Enseguida, tome todas esas ideas y busque a uno de sus amigos, familiares o alguien con un sentir similar al suyo y muéstrele sus ideas y vea cual es la reacción de ellos y escuche sus aportaciones en referencia a lo que usted ha escrito. Esto podría ser un ejercicio muy interesante que resulte para bien de su visión o sueño.

Los pensamientos se afirman

El segundo beneficio de buscar consejo de las personas que están a nuestro alrededor es que podemos confirmar las cosas o, de una vez por todas, desecharlas por falta de validez.

Los pensamientos son frustrados donde no hay consejo; Mas en la multitud de consejeros se afirman. (Proverbios 15.22)

La primera parte de este versículo nos muestra una de las razones por las que tantas personas tienen vidas frustradas y sin fruto: ¡No han buscado el consejo! Creo que esta es una de las razones clave por las que muchas cosas nunca florecen. Lo que en un tiempo fue una gran idea o un gran sueño, se convierte en una gran frustración y un enorme desánimo. Es un motivo más por el que el consejo llega a ser parte indispensable en nuestra búsqueda de hacer la voluntad del Señor.

La palabra «afirmar» significa «poner firme, dar firmeza». Esto es lo que necesitamos dar a nuestros pensamientos: firmeza, solidez y estabilidad. La manera de lograrlo es buscando consejo mediante los pensamientos de personas que están a nuestro alrededor y que conocen muchos de nuestros puntos débiles y fuertes.

Nos hace falta reafirmar lo que estamos pensando. Si nuestros pensamientos no están firmes, viviremos frustrados. Cuando les expresamos nuestros sueños a los consejeros, veremos que muchas cosas se *confirmarán* al oír sus comentarios con respecto a nuestras ideas.

Uno de los significados de la palabra «confirmar» es «dar mayor firmeza». Al hablar con las personas que nos rodean podemos dar mayor firmeza, o sea, afianzar lo que pensamos o sentimos. Asimismo, podemos confirmar si algo en nuestra forma de pensar no anda bien o si será necesario cambiar de idea o quizás solo reestructurarla de otra manera.

Todo esto y más puede suceder cuando nos atrevemos a contarles nuestros sueños a personas que Dios ha puesto en nuestras vidas para ayudarnos a afirmar nuestros pensamientos. Recordemos que varias citas de la Biblia mencionan que todas las cosas se confirman en boca de dos o tres testigos (Mateo 18.16; 2 Corintios 13.1; 1 Timoteo 5.19; Hebreos 10.28). Esta es una razón más por la que debemos buscar el consejo.

Encontramos seguridad

Otro de los beneficios del consejo es el de encontrar seguridad.

Donde no hay dirección sabia, caerá el pueblo;
Mas en la multitud de consejeros hay seguridad.
(Proverbios 11.14)

Muchos nos encontramos ante circunstancias muy comprometedoras y difíciles porque nos metimos en ellas como resultado de tomar una decisión personal sin buscar el consejo de nadie. Esto conduce a confusión y frustración sin mencionar el riesgo de que nos desacrediten en nuestro trabajo. Una vez que corra la voz de que somos personas que tomamos decisiones por nuestra propia cuenta, nos será difícil volver a contar con el mismo prestigio.

En el mundo y en el Reino, somos muchos los de esta clase de personas. De ahí que sea tan urgente que atendamos la advertencia de este proverbio de escuchar el consejo ANTES de emprender algo. Al oír el consejo encontraremos esa seguridad que necesitamos para poder desempeñar nuestro trabajo sin preocupación. No hay nada más incómodo que tener que realizar un trabajo sin tener la confianza de estar caminando sobre terreno firme. No tan solo nos hace ser inseguros y desconfiados, sino que esto mismo fomenta el temor, la angustia y la frustración. ¡Qué terrible es tener que trabajar con estos elementos operando en nuestra vida! La solución: buscar la seguridad que trae el consejo.

En el contexto de este proverbio vemos que el consejo se vincula expresamente con la «dirección sabia». ¡Muy importante! Recibir un buen consejo es sinónimo de recibir una buena dirección. Donde tenemos dirección, de acuerdo a este versículo, no estamos en el peligro de caer.

En la actualidad, el mundo está buscando buena dirección, alguien que nos ayude a seguir el buen camino y que nos muestre cómo andar por él. Recuerdo que mi amigo Enrique Bremmer cuenta de la vez que se bajó de un avión en un vuelo internacional y no había quien lo guiara al lugar donde los pasajeros debían ir. Así que tomó la iniciativa y comenzó a caminar por uno de los pasillos con mucha confianza y, como nadie más decía qué hacer ni a dónde ir, todo el mundo empezó a seguirle por dondequiera que iba. Abrió un par de puertas, subió unas cuantas escaleras, cruzó dos o tres pasillos cuando de pronto Enrique abre una puerta más. Detrás de esa puerta se hallaba uno de los guardias que le pregunta quién es y de dónde viene. Mi amigo le contesta con tremenda tranquilidad explicándole que eran del vuelo tal, procedente de la ciudad X. Entonces, el guardia le reponde muy agitado: «¡Ah! ¡Ustedes son los pasajeros que estamos buscando por todo el aeropuerto!» Todos los pasajeros habían perdido más de veinte minutos por seguir a mi amigo, quien les dio la impresión de ser alguien que sabía lo que estaba haciendo. Nos hemos reído más de una vez con esta historia cuando la oímos de boca de Enrique. Sin embargo, esto demuestra la gran necesidad que tenemos de seguir a alguien que parece saber hacia dónde se dirige.

Recordemos que existen personas que han pasado por muchas experiencias y que nos pueden servir de escuela. Con su dirección sabia aprendemos a no cometer los mismos errores que otros han cometido. Necesitamos comprometernos a buscar estas personas, sentarnos a sus pies y aprender a caminar con seguridad y a no caer en la obra que estamos queriendo desarrollar.

Los mejores líderes que conozco son los que caminan con seguridad en su trabajo. La mayoría de ellos tienen un historial de estar buscando constantemente el consejo de personas que les mostraron el camino. Como individuos, una de las mejores sensaciones que podemos tener es esa de vivir con seguridad y confianza. Saber que desarrollamos nuestro trabajo con la bendición de nuestros líderes y seres queridos porque hemos buscado su consejo y este nos ha sido de gran bendición.

Tendremos victoria

Finalmente, lo que todos queremos es obtener la victoria en todo lo que hacemos. La Biblia nos enseña cómo obtener la victoria: buscando el consejo.

Porque con ingenio harás la guerra,
Y en la multitud de consejeros está la victoria.
(Proverbios 24.6)

Este pasaje lo vemos vinculado con la guerra. Todos sabemos, o nos podemos imaginar, que para poder ganar la guerra necesitamos preparar una buena estrategia. La mejor manera de hacerlo es buscando el consejo de quienes lo han hecho con anterioridad, personas que han vivido el momento y saben de qué hablan cuando nos dicen cuál puede ser la mejor estrategia para ganar la guerra.

Somos demasiados los soldados que perdemos la vida en la guerra. Simplemente salimos a pelear sin conocer la estrategia. No buscamos el consejo de nuestros generales para saber cuál será la mejor posición para nosotros en la batalla y dónde encajamos en el plan maestro. Después que mueren algunos soldados importantes, comentan entre sí: «Lo que pasó fue que no me apoyaron, no me supieron entender». Sin embargo, el problema principal fue que ese soldado no supo trabajar en conjunto con el resto del ejército. Actuó según su entendimiento de las cosas y con sus propias fuerzas. El único culpable de su caída tiene que ser él.

Repito, es indispensable que antes de salir a la guerra consultemos a los que saben cómo orientarnos para ganar la guerra. Si es que queremos obtener la victoria, nunca tratemos de salir a la guerra sin el consejo de nuestros generales, líderes, pastores y seres queridos. El consejo es para nuestro propio bien y nos asegura la victoria.

Hay un aspecto de este pasaje en Proverbios que aún no hemos analizado: «la multitud de consejeros». Es importante tener un grupo de personas a nuestro alrededor que nos hablen y aconsejen con su experiencia y conocimiento de nuestra vida y nuestro ministerio. No debemos tener una o dos personas, sino muchas.

Igualmente importante es buscar personas con las que estemos relacionados. Estas son las que pueden pedirnos que rindamos cuentas y que nos ayuden a vivir dentro del consejo que hemos recibido. Además, estas personas pueden ser las indicadas para ayudarnos cuando las cosas no marchan bien. Si buscamos el consejo de alguien que no conocemos y que vive en una ciudad lejana, o que simplemente es alguien que pasó por nuestra vida por poco tiempo, no hay mucha seguridad en esa clase de consejero. Por el simple hecho de que no está al tanto de los detalles de nuestra vida, ni de nuestra visión, no puede darnos una palabra balanceada. Solo verá el lado de las cosas que le digamos en el momento de pedirle su consejo. Es lamentable que ahora esto lo practican demasiados cristianos, sobre todo cuando viene un ministro itinerante a su iglesia: evangelista, predicador o cantante invitado. Quizás influyan mucho en nuestras vidas en general gracias a una palabra de dirección desde la perspectiva bíblica, un sermón, un canto o algo por el estilo, pero a la hora de tener que recibir un consejo de algo específico, estas personas no deben atribuirse la autoridad de aconsejar a alguien que no le corresponde.

Por ejemplo, debido a que viajo por todas partes, muchas personas vienen a pedirme algún consejo. Se me han presentado muchos casos como este: «Hermano Marcos, hace unos meses mi pastor me quitó el cargo de director de alabanza y puso a otra persona. No entiendo por qué si he dado mi vida, mi tiempo y mis talentos por esta iglesia y si amo tanto al pastor, ahora tenga que estar sentado en la banca sin saber qué hacer. Sé que Dios me ha llamado a su obra y sé que tengo un corazón dispuesto a servirle, pero no entiendo por qué es que estoy sentado mientras otra persona ocupa el lugar que me corresponde. Hermano Marcos, aconséjeme, ¿qué debo hacer? ¿Quién tiene la razón, mi pastor o yo?» Es increíble la cantidad de veces que he tenido que escuchar la misma historia y siempre quien la cuenta es el bueno. Lógicamente, desde su punto de vista, es la víctima en todo el asunto.

Como ministro itinerante, no me compete ocupar el lugar que no me corresponde de aconsejar. Así que mi respuesta casi siempre es esta: «Hermano, como desconozco todos los pormenores de su historia y solo he escuchado su versión, a mí no me corresponde darle un consejo. Las personas que deben hacerlo son las que están caminando

en relación con nosotros. Estas conocen todos los lados de
la historia. Usted debe dirigirse a su pastor y a sus líderes
porque yo no soy la persona indicada para decirle algo.
Además, no usurparía la autoridad que le pertenece a otra
persona». Casi siempre las personas se van con el semblan-
te triste y la cabeza caída. La mayoría de ellas quisieran
poder ir a sus pastores o líderes y decirles: «Pues a mí el
hermano Marcos Witt me dijo esto y aquello... bla... bla...
bla... y es por eso que usted está mal y... bla... bla... bla...»
Por eso en casos como este no acostumbro a dar consejos.

He descubierto, además, que la mayoría de los que
buscan consejo de personas con las que no están relacio-
nadas lo hacen porque anhelan, con desesperación, alguien que al final les diga lo que quieren oír. Necesitan que
alguien justifique sus errores. No dije que todos, pero sí
dije que en la mayoría de los casos es así. Tengamos
cuidado al buscar consejeros. Estos deben ser personas con
las que estamos relacionados y con las que tenemos comunicación frecuente.

Otro asunto que debemos analizar en este tema de «la
multitud de consejeros» es que necesitamos asegurarnos
de QUIÉNES son los que nos están guiando. Es importante
que no sigamos a cualquier persona solo porque «parece»
ser confiable ni porque tenga cara de paciencia o porque
porta un traje y una corbata. Recordemos el caso de mi
amigo Enrique Bremmer. Él dice que está convencido de
que todos esos pasajeros lo siguieron solo porque tenía un
portafolio en la mano y vestía traje y corbata. Aparentaba
ser alguien importante y se movía con autoridad. Daba a
entender que era alguien que sabía a dónde iba y quién era.
Pero «no todo lo que brilla es oro». Tengamos cuidado de
conocer a las personas que seguimos.

Considero de suma importancia conocer bien a las personas que les pedimos consejo porque podrían resultar ser esa clase de gente que da consejos desde el punto de vista de sus intereses personales. Analizan de qué manera se pueden aprovechar de nuestras ideas y nuestra creatividad para lograr avanzar con sus ideas y sueños. Quizás me digas: «Pero Marcos, ese tipo de gente no existe entre los cristianos». Mi única respuesta sería como la de Eliseo con su criado cuando dijo: «Te ruego, Señor, que abras sus ojos, para que vea» (2 Reyes 6.17, VP). Es lamentable, pero hay mucha gente así.

El otro lado de la moneda es que los que nos van a dar un consejo también necesitan conocernos bien para ayudar al máximo. En ocasiones, hemos recibido consejos que no podemos aceptar porque simplemente no van de acuerdo a nuestra pesonalidad o, peor aun, van en contra de nuestros principios.

Algo así lo experimenté cuando tendría aproximadamente dieciocho años de edad. Uno de mis amigos me aconsejó que necesitaba enviar un paquete de información promocional a las diferentes empresas de música cristiana que existían. En la promoción debía incluir una foto mía en el sobre, un casete de muestra con algunas de mis canciones y una pequeña reseña biográfica. Este consejo no se ajustaba a mis principios. Entonces, mi respuesta a ese consejo fue un simple «gracias», no lo acepté porque iba en contra de mis convicciones.

Un paquete promocional nunca podrá hacer lo mismo que el Espíritu Santo a la hora de Él promover nuestros ministerios. Cuando recibimos un consejo de este tipo, no nos corresponde argumentar ni discutir en vano con las personas que nos aconsejaron. Simplemente necesitamos seguir adelante buscando lo que Dios desea para nuestras vidas. Siempre he creído que Él es el que pone las personas en nuestra vida y que a través de una serie de experiencias, Él nos va contactando a los que usará para que se conozcan nuestros ministerios. Tarde o temprano enviará las personas que va a usar para que hablen a nuestras vidas y nos den los consejos que necesitamos a fin de llevar adelante nuestro sueño. Lo importante es BUSCAR EL CONSEJO. No nos encerremos en nuestro propio mundo, sino que salgamos de nuestro pequeño nido y busquemos a las personas que Dios ya ha preparado para ser de bendición en nuestra vida.

LOS BENEFICIOS DE LA CORRECCIÓN

A la hora de tener que hablar acerca de la corrección, todos hacemos un gesto y nos incomodamos. Este es un tema que a nadie le gusta tratar. En efecto, la Biblia misma lo dice en Hebreos 12.11:

> Es verdad que ninguna disciplina al presente parece ser causa de gozo, sino de tristeza; pero después da fruto apacible de justicia a los que en ella han sido ejercitados.

El énfasis que quiero hacer aquí es que «DESPUÉS da fruto». Esto es lo que debemos recordar: Ahora parece muy difícil, pero después cosecharemos el fruto.

Para comenzar a hablar de este tema tenemos que reconocer que si alguien nos disciplina es porque nos ama. En otras palabras, se trata de alguien que se interesa en nosotros, porque si no nos amara y no les importásemos, no nos disciplinarían y nos permitirían hacer lo que bien nos pareciera.

Recientemente, tuve que tomar medidas disciplinarias

muy fuertes en la Universidad Cristiana de Música que fundé hace algunos años. Después de la sesión donde les expliqué a los alumnos el porqué de las medidas, que para algunos eran drásticas y demasiado fuertes, uno de los jóvenes se me acercó y me dijo: «Marcos, ahora vuelvo a confirmar que se preocupan por nosotros como individuos. Me he vuelto a enterar que nos aman porque si no fuera así y no se preocuparan por nosotros, nos dejarían hacer lo que quisiéramos. Sin embargo, nos han llamado la atención y nos han sometido a la disciplina que me indican que en verdad se interesan por nosotros».

Ojalá todos tuviéramos esa mentalidad a la hora de ser sometidos a la corrección. Por desgracia, muchos pensamos que no se nos ama, que alguien está tratando de destruir nuestra vida, que no nos quieren apoyar o que no nos entienden y un sinfín de otros lloriqueos a la hora de recibir la disciplina. Es hora de madurar y entender que Dios SOLO disciplina a los que ama, y si queremos seguir disfrutando de los derechos de hijos, tenemos que ser sometidos a la disciplina (Hebreos 12.8).

No menosprecies, hijo mío, el castigo de Jehová, Ni te fatigues de Su corrección; porque Jehová al que ama castiga, Como el padre al hijo a quien quiere (Proverbios 3.11,12).

La corrección cuando se ve desde la debida perspectiva, es una prueba de amor, de afecto, por parte de las personas que Dios ha puesto en nuestras vidas para dirigirnos. Necesitamos verlo como una enorme bendición en nuestra vida, como algo que no podemos vivir sin tener. Tenemos que empezar a ver la corrección como el oxígeno necesario para seguir respirando. Debemos verla como el descanso y el alimento indispensable para tener fuerza para seguir viviendo. Así es la disciplina en nuestra vida. Es imposible seguir viviendo sin ella.

Serás sabio en tu vejez

Escucha el consejo y acepta la corrección,
Para que seas sabio en tu vejez. (Proverbios 19.20)

Muchos creen que la sabiduría se relaciona con la vejez. No entienden que la razón principal de que los ancianos sean sabios está en que recibieron consejo y disciplina. El simple hecho de ser viejos no nos hace sabios, sino que el consejo y la disciplina obraron para lograrlo. Si desde este momento nos hacemos el compromiso de recibir consejo y disciplina, llegaremos a ser sabios en la vejez. De lo contrario, nos convertiremos en necios.

¿Cómo queremos ser cuando lleguemos a la vejez? Mi deseo es ser sabio y la única manera de lograrlo de acuerdo a este pasaje es mediante el consejo y la disciplina.

Será prudente

Según el Diccionario Larousse Básico, prudencia es la «calidad de la persona que obra con moderación y sensatez para evitar aquello que le puede causar perjuicio».

El necio menosprecia el consejo de su padre;
Mas el que guarda la corrección vendrá a ser prudente
(Proverbios 15.5)

La prudencia no es algo que se hereda, sino que se aprende. La única forma de aprenderla es mediante la corrección.

El apóstol Santiago, al hablar de las diversas pruebas, nos dice: «Sabiendo que la prueba de vuestra fe *produce* paciencia. Mas tenga la paciencia su obra completa, para que seáis perfectos y cabales, sin que os falte cosa alguna» (1.3,4). Sin duda, a veces la corrección ha sido una tremenda prueba de nuestra fe. Sin embargo, nos hace falta recordar que esa prueba «produce» en nosotros el carácter de Cristo. Esto es algo que todos necesitamos para llegar a ser «perfectos y cabales». Es decir, tener la madurez que necesitamos para ser como Él es. Este tipo de madurez la alcanzamos cuando no menospreciamos el consejo ni la corrección.

En la definición de «prudencia» encontramos dos palabras muy interesantes: «moderación» y «sensatez». Estas son dos características que hacen falta en nuestra vida y son las que nos pueden proteger de causarnos daños o «perjuicios», como señala la definición. Muchos nos perjudicamos solo por nuestra falta de moderación y sensatez. Entonces, viene a ser una más de tantas razones por las que debemos atender y valorar la corrección que viene a nuestra vida. Tengo deseos de ser un viejo sabio y prudente, ¿y tú?

Camino a la vida

La forma más sencilla de no emprender el camino a la vida es «desechando la represión».

> *Camino a la vida es guardar la instrucción;*
> *Pero quien desecha la reprensión, yerra.*
> (Proverbios 10.17)

Todos queremos disfrutar la vida y aprovecharnos de

todos los deleites que en ella el Señor nos ha dado. Sin embargo, no lo podremos gozar a menos que haya un compromiso nuestro de atender la reprensión de Dios, esa que nos permite llegar a esa «vida» que Él desea para nosotros.

Bienaventuranza y descanso

Veamos dos beneficios de la corrección. El primero es una bendición externa, mientras que el segundo es una bendición interna.

> *Bienaventurado el hombre a quien tú, Jah, corriges,*
> *Y en tu ley lo instruyes,*
> *Para hacerle descansar en los días de aflicción,*
> *En tanto que para el impío se cava el hoyo.*
>   (Salmo 94.12,13)

Ser bienaventurado significa tener prosperidad y felicidad, gozar de la paz que viene de Dios. Estos son beneficios que afectan externamente nuestra vida. Mientras el descanso es algo que necesitamos por dentro para seguir teniendo las fuerzas para caminar en la vida. Lo necesitamos para enfrentar los desafíos de cada día. Los dos beneficios son grandes y vienen cuando recibimos la instrucción y la corrección.

Espero que se haya dado cuenta de la urgente necesidad que tenemos de que nos corrijan y aconsejen. Sin esto es imposible tener el deseado éxito en nuestras vidas. No solo necesitamos permitir el consejo y la disciplina, sino que debemos aprender de ello al grado de que forme parte de la vida integral. Dicho de otra manera, al «recibir» la corrección permitimos que se opere un cambio en nuestra vida. Cambia nuestra manera de pensar con respecto a algo. No se trata solo de «dejar que suceda», sino que es un factor de cambio radical en toda nuestra existencia.

No debemos ser como el niño que se paraba constantemente en el banco de la iglesia. «Juanito, siéntate en el banco, por favor», le decía su papá. Juanito se sentaba por un rato, pero después de un momento se volvía a parar. De nuevo su papá le decía: «Juanito, siéntate en este instante». Se sentaba para volverse a parar en pocos minutos. Finalmente el papá, cansado de decirle lo mismo, exclama: «Juanito, si no te sientas en este instante y permaneces sentado, te llevaré al baño y te disciplinaré en cierta parte del cuerpo que tú ya sabes». Juanito se sienta muy desconcertado, con la cara hacia abajo y, haciendo un gesto de muy mal gusto, dice: «¡Estaré sentado por fuera, pero sigo parado por dentro!»

Muchos de nosotros nos comportamos como Juanito. Aceptamos la disciplina, pero no permitimos que realmente cambie nuestra manera de vivir. El Señor espera que permitamos que la corrección nos transforme en esas personas que Él, con tanto amor, trata de que lleguemos a ser.

ALGUNOS CONSEJOS SOBRE EL CONSEJO

Veamos ahora algunas cosas que debemos tener en cuenta acerca de los buenos consejos.

Buscar a alguien confiable con el que se tenga una buena amistad

Cuando encontremos esa persona, debemos abrirle el corazón y contarle acerca de lo que el Señor nos está hablando. Sus comentarios al respecto pueden ser valiosos. Pueden ser el inicio de la búsqueda del consejo que necesitamos. No obstante, no debemos tomar sus comentarios como la «última palabra». Es importante recordar que es en la «multitud de consejeros» donde tendremos los beneficios que ya vimos en la primera parte de este capítulo.

Programar un tiempo de consejería con el pastor o el líder espiritual

Estas personas nos pueden dar una orientación Cristocéntrica. Asimismo, puede ser también «personalizada» en el sentido de que nos conocen en el contexto de nuestra vida y las circunstancias que nos rodean. Su consejo puede ser más específico desde el punto de vista bíblico y de nuestra propia vida y medio.

El conocimiento que se tenga de la Palabra de Dios llega a ser un factor muy importante en el proceso de aconsejar. Estas personas de Dios nos sazonan con el conocimiento de la Biblia y las experiencias que han vivido.

Mi sugerencia es que no sea una sola sesión, sino varias. Cada vez que se reúna con ellos, debe llevar por escrito en un papel su visión. Esto es importante porque los comentarios de ellos pueden influir en sus pensamientos y afirmarlos. Además, debe anotar todos los aportes que reciba para que vaya tomando carácter esa visión.

Además de que nos pueden dar un buen consejo desde el punto de vista bíblico, estas personas se dedican a la oración y la búsqueda del Espíritu Santo para tomar decisiones. De ahí que pueden recibir una palabra específica con respecto a su visión y esa palabra podría ser el *Rhema* («palabra viva y aplicable») que necesitamos para darle vida a nuestra visión.

Dedicar tiempo a comentarle a nuestros seres querídos lo que tenemos en el corazón

Si no tenemos padres, sin duda tendremos personas que ocupan un lugar de cariño que suplen la necesidad de los padres. Estas personas son con las que debemos hablar y permitir que influyan en las decisiones que tomamos en torno al desarrollo de nuestro sueño.

Las personas que mejor nos conocen, como nuestros padres u otros familiares cercanos, son los que nos pueden dar un consejo muy sensato desde el punto de vista de nuestros puntos fuertes y débiles. Incluso pueden servir de «filtro» de muchos otros consejos muy halagadores que no nos servirían igual que un oportuno consejo de nuestros padres y otros familiares queridos. Solo por «derechos de antigüedad» nos pueden dar un buen consejo ya que han vivido mucho más que nosotros. Por tanto, deberíamos atender con sumo cuidado su consejo en nuestra vida.

Quizás cuando hablemos por primera vez corramos el riesgo de que se rían de nosotros y de nuestras ideas. A lo mejor toman a la ligera lo que les decimos. Sin embargo, aun con ese riesgo es importante que hablemos y establezcamos esa vía de comunicación que traerá buenos resultados en un futuro no muy lejano. Atrévase a ser mal entendido, porque los beneficios que recibirá después serán mayores; así que no deje que eso lo detenga de hablar lo que haya en su corazón. De hecho, creo que pasar por esos momentos de no ser entendidos sirven como una buena prueba de nuestra visión y nos ayudan a afirmar o desechar los pensamientos. Le recuerdo que si alguien puede lograr hacerlo desistir en su visión, es probable entonces que no era algo que venía del Señor porque las visiones que pone Él nadie las puede quitar de nuestro pensar. Si alguien logra hacernos abandonar alguna idea o sueño, probablemente era solo una idea que parecía ser buena, pero no algo nacido en el corazón de Dios. Así que no tenga temor de abrirse a sus padres o sus seres queridos. El otro lado de la moneda es que si somos padres de familia y tenemos hijos mayores, debemos tomar en cuenta a la familia si vamos a tomar alguna decisión que la va a afectar directamente. Nos sorprenderemos de los consejos que nos pueden dar los hijos a la hora de escuchar de sus labios lo que están pensando. Dios ha puesto en los niños una sencillez extraordinaria que podría servirnos de confirmación. Así que no desaprovechemos esas bendiciones.

Dedicar tiempo a la oración, el ayuno y la búsqueda del rostro del Señor

Recordemos que Él envió a su Santo Espíritu como el Consolador y como el que nos guía y recuerda todas las cosas que nos han enseñado (Juan 14.26). Es de suma importancia estar constantemente consultando la voluntad del Espíritu Santo en todo lo que pensamos hacer. Cada consejo que escuchamos de las personas que nos rodean deberán servir de confirmación de cosas que el Señor nos está hablando directamente.

Si en nuestro nivel de compromiso está buscar la voluntad y la dirección del Señor, estoy seguro de que Él estará con nosotros para guiarnos y mostrarnos su divina voluntad en todo lo que emprendamos para Él. No puedo enfatizar lo suficiente este punto porque en demasiadas ocasiones hemos intentado hacer las cosas desde nuestra propia perspectiva y experiencia en lugar de consultar la voluntad del Señor. De hecho, mientras más nos acercamos a Él, más clara se va a tornar su voz en nuestra vida y con más rapidez fluirá su dirección para nosotros (Juan 10.27).

¿Queremos evitar el fracaso? Busquemos el consejo y aceptemos la corrección en nuestra vida. En esto se resume todo. «¡Siéntate, Juanito!»

Capítulo 4

¿QUÉ TIENES EN LA MANO?

Un viaje de mil millas comienza con un solo paso.
Proverbio chino

Nada cuesta más que un inicio.
Neitzche, 1888

¡Cuánto cuesta empezar algo! Surge un millón de preguntas, desafíos, obstáculos, deficiencias, desánimos y muchas cosas más. Todo esto debería servirnos como prueba para confirmar la pasión por la visión que tenemos delante de nuestros ojos. Debería servirnos para *fortalecer* nuestro compromiso con el sueño y no para abandonarlo o dejarlo a medias. Eclesiastés 7.8 dice: «Mejor es el fin del negocio que su principio». Hay un antiguo proverbio inglés que afirma: «Un buen comienzo produce un buen fin», en otras palabras: «Lo que bien empieza, bien termina». Henry Wadsworth Longfellow, un gran escritor del siglo pasado, en su *Elegiac Verse*, dijo lo siguiente: «Grande es el arte de iniciar algo, pero mayor es el de terminarlo».

Conocemos a muchas personas que no calculan el costo de comenzar a desarrollar una visión, y por eso, después que dan los primeros pasos y se enfrentan a los desafíos iniciales, deciden abandonarlo porque no se prepararon para pagar el alto precio que exige empezar algo nuevo. Demasiadas personas en el Reino del Señor iniciamos proyectos que no concluimos. Ya es hora de terminar lo que comenzamos. En este capítulo centraremos nuestra atención en «cómo» empezar bien, ya que lo que bien empieza... Un escritor de antaño lo dijo de la siguiente forma; «El nacimiento de todas las cosas es débil y tierno, por lo que necesitamos tener nuestros ojos bien enfocados en los inicios» (Montaigne, *Verses*, 1580-88). Reflexionemos en el inicio de nuestro sueño: ¿Cómo y con qué empiezo este gran sueño que el Señor me confirmó?

El problema con la mayoría de los que tratamos de concretar una visión grande es que nos comparamos con otros que ya disfrutan el éxito con la suya, y creemos que necesitamos todo lo que ellos tienen para desarrollar la nuestra. Se nos olvida que ellos también comenzaron por el principio, y que tuvieron que hacerlo con lo que tenían a la mano. Empecemos con el asunto de compararnos los unos con los otros. La Biblia dice que no es «juicioso» (sabio) compararnos:

> *Porque no nos atrevemos a contarnos ni a compararnos con algunos que se alaban a sí mismos; pero ellos, midiéndose a sí mismos por sí mismos, y comparándose consigo mismos, no son juiciosos* (2 Corintios 10.12).

Es importante entender que Dios nos encargó algo único, especial e individual; diferente a todo lo demás; ¿Por qué? Porque somos nosotros quienes lo estamos haciendo, y nuestra manera de llevarlo a cabo es única. No es que no podamos aprovechar algo de la experiencia de los demás y aprender de sus errores o de sus victorias, es que no debemos comparar nuestra obra con la de ellos. Es muy importante estudiar los métodos y las formas que otros ministerios usan para alcanzar el éxito que hoy disfrutan, pero compararnos, simplemente no es sabio. Tenemos que llegar a las estrategias que Dios tiene para cada uno, recordando que hay planes divinos específicos para nuestro éxito y nuestra victoria. Analizar otros ministerios y contemplar sus triunfos puede producirnos una de dos reacciones:

- *Nos intimida.* Es decir, nos sentimos poca cosa, pequeños e insignificantes. Normalmente, esto es lo primero que siente alguien que se compara con otra persona. Y es esta, precisamente, la reacción que el enemigo trata de motivar en nosotros, ya que nos impide avanzar en lo que Dios nos muestra que hagamos. Nadie puede hacer algo mientras esté en un rincón, ocultándose de los demás, porque se siente inferior. El enemigo emplea esta táctica con mucha astucia para impedir que continuemos lo que debemos hacer.

- *¡Nos inspira!* Cuando vemos la manera en que Dios levanta a alguien para contribuir al Reino de Jesús, y analizamos de dónde lo trae, nos damos cuenta de que no es tan difícil que haga lo mismo con nosotros porque Él no hace acepción de personas. Esta es la reacción correcta ante un ministerio o una persona que vemos disfrutar de la bendición y aprobación de Dios. Su vida, su testimonio, sus luchas y sus victorias, vienen a ser nuestras cuando permitimos que Dios use toda esa experiencia a favor nuestro. Lejos de sentirnos *intimidados*, necesitamos permitir que la bendición de Dios sobre otros nos *inspire* a recordar que Él puede hacer lo mismo con nosotros si somos fieles a su llamado y aprendemos a usar las herramientas que nos da para trabajar.

EMPECEMOS POCO A POCO, CON LO QUE TENEMOS EN LA MANO

La vida de Moisés tiene muchos contrastes. Estaba condenado a morir, según el veredicto que emitió Faraón contra todos los niños varones de los hijos de Israel (Éxodo 1.22). Lo echaron al río en una arquilla, con la esperanza de que se salvara de la muerte; cuando la hija del Faraón lo descubrió y lo tomó por hijo, sin saberlo le dio a la verdadera madre la oportunidad de criarlo. ¡Qué grande es Dios!

Podemos imaginarnos que mientras su mamá lo criaba le diría que era un hombre predestinado, que Dios lo iba a usar en gran manera ya que lo rescató de la muerte misma. Sin duda le contaría de sus predecesores: Abraham, Isaac, Jacob y José. También de cómo, por mano de José, llegaron a la tierra de Egipto en el tiempo de la gran hambruna ocurrida en Canaán, tierra de su padre Jacob. Además, le hablaría de la manera en que todos los hijos de Israel soñaban con regresar a Canaán para ser libres de la mano opresora del faraón que en ese momento gobernaba, a quien no le importaban los compromisos que sus antecesores tenían con José (Éxodo 1.8) y sus descendientes.

Ya a cierta edad, llevaron a Moisés al palacio de Faraón. Allí lo criaron como su nieto. Contó con los mejores maestros, la mejor instrucción, el mejor alimento posible. Disfrutó de todo el bien de la tierra y de los privilegios de ser parte de la nobleza. Tanto que llegó a desarrollar el orgullo propio de los «hijo de papá». Una mentalidad de señor y no de siervo. Esa idea, unida a saberse descendiente de su padre Abraham y al sentimiento del sufrimiento de su pueblo, le hizo atribuirse el título de «libertador» (aun antes de que lo hiciera el Señor), cometiendo uno de los errores más grandes de su vida como fue asesinar a un

egipcio a quien sorprendió maltratando a uno de los hijos de
Israel (Éxodo 1.12-15). Por esto tuvo que vivir desterrado
cerca de cuarenta años. Observen los contrastes: del borde
de la muerte a una vida opulenta; de la opulencia a la vida
en el desierto; donde tuvo que esconderse para huir del
faraón que quería darle muerte por lo que hizo como joven
impulsivo, lleno de ilusiones y complejos de grandeza. Este
es el Moisés que, después de disfrutar lo mejor que la vida
le ofreció, se encontró cuidando ovejas en un desierto, viviendo con el suegro, absolutamente humillado. Lo más
probable es que la idea de rescatar a su pueblo de la opresión
fueran solo un agradable recuerdo de su infancia. Algo que
su madre le contó para pasar el rato. Algo que concibió en
su pensamiento porque era joven, visionario y lleno de
ilusiones.

Es posible que cualquier deseo de ayudar a su pueblo
desapareciera al recordar el terrible hecho de que la ley lo
perseguía por su delito. A menudo pensaría: «No puedo
ni tratar de regresar a Egipto para ayudar a mis hermanos». Ya no estaba solo, ahora tenía esposa, hijos, una
familia que sostener. No era tan sencillo como antes. Dios
tuvo que pasar a Moisés por todo eso para poder llevarlo
a obedecer su voluntad. Dios probó la paciencia de Moisés
una vez tras otra. Él necesitaba alguien que supiera escuchar, seguir instrucciones y obedecer a la autoridad, no
una persona impulsiva o precipitada como el Moisés de la
casa de Faraón. Por eso lo mandó a otra escuela, para
enseñarle algunas lecciones que no podría aprender en
ninguna otra: La escuela del desierto.

Las personas que aprenden a vivir en el desierto, pueden vivir en cualquier lugar. El desierto no es agradable
en ningún sentido de la palabra, al contrario, es difícil,

árido y desagradable. Las reglas del desierto son muy
diferentes a las de cualquier otro lugar, y seguirlas o no,
puede ser cuestión de vida o muerte. La existencia en el
desierto es muy laboriosa, requiere mucha disciplina, mucho sudor. No nos deja ni reposar tranquilamente bajo una
palmera (porque ni eso hay), ni disfrutar una rica siesta. El
que vive en el desierto tiene que levantarse temprano,
antes de que los rayos de sol vengan a ser ese látigo sobre
la espalda, y chupen la poca energía que se pueda tener, al
hacer las tareas necesarias para comenzar un día de duro
trabajo. Los que viven en tales lugares aprenden la importancia de tener cuidado con todas sus provisiones, en
especial ese líquido vital llamado "agua". No es gente
dada al desperdicio, los excesos y las fiestas, sino al trabajo,
la disciplina y el sacrificio.

La «UDD» (Universidad Del Desierto) es uno de los
instrumentos mas usados por Dios para separar a los que
tienen un llamado verdadero de los que son solo voluntarios
inspirados por ansias de servir en un instante muy emotivo.
Si nos graduamos en la UDD, podemos hacer cualquier cosa:
vivir en cualquier lugar, hacer muchas cosas con lo poco que
tengamos; sin quejarnos ni lloriquear por la escasez o falta
de recursos. Dios busca gente que haga lo imposible con lo
poco que tiene a la mano. Por eso nos envía al desierto, para
enseñarnos lo que no podemos aprender «a los pies de
mami», ni en la mansión de la comodidad, convirtiéndo-
nos de esta manera en siervos de hechos y no de palabras.
Algunos aprenden con más rapidez que otros. ¡A Moisés le
tocó un curso de cuarenta años! Dios tenía mucho que tratar
con él. Pero, al graduarse en esa universidad, emergería
uno de los líderes más grandes y reconocidos en la historia.

Al despertar esa mañana, Moisés ni se imaginaba que

era el gran día de su graduación. Como de costumbre, salió a realizar sus tareas y a desempeñar sus labores diarias. Pero el día señalado, Jehová de los ejércitos, el Dios que cumple sus promesas, tenía preparado el examen final que le daría a Moisés el «título» necesario para desarrollar la labor que tenía por delante. Es frecuente oír la siguiente verdad: A Dios no le preocupa el tiempo que requiere prepararnos; lo que sí le importa es que, cuando considere que estamos listos, usemos su respaldo y lo que nos enseñó para actuar con efectividad y que no tratemos de hacer las cosas con nuestras propias fuerzas.

Muchos de los que estamos en la UDD nos frustramos porque pasan y pasan los años y nunca nos graduamos. Salir de esta frustración requiere que entendamos que si logramos aprobar todas las materias y pasamos las pruebas de ese proceso de aprendizaje, recibiremos nuestro «diploma». Así estaremos listos para cumplir la gran obra a la que Dios nos trajo a este mundo. Mejor es que Dios nos use según su plan aunque sea cinco minutos, que vivir por completo tratando de diseñar el nuestro terminando en aguda frustración, con desánimo y, muchas veces, hasta en apostasía. ¡Dejemos que nos enseñe!

La prueba era sencilla y complicada a la vez: Escuchar la voz de Dios, y obedecer. A estas alturas de su vida, es probable que Moisés estuviera tan humillado que casi no creía que volvería a ser escogido por Dios. Pienso que es por eso que entabla un diálogo interesante con Dios, al acercarse a la zarza ardiente y reconocer la divina presencia en ella. De pronto, observamos a un Moisés «trabajado», es decir, pasado por un proceso, sumamente atento a las instrucciones que recibe. En esta ocasión, no deseaba volver a cometer los mismos errores del pasado, sino que quería asegurarse de lo que oía.

Moisés ya no era el impulsivo, impaciente y arrogante joven que conocimos cuarenta años antes, que vivía en la opulencia y la abundancia, sino un hombre humilde, tímido y hasta cierto punto, inseguro. Al verlo luego de pasar por la UDD, no nos cabe la menor duda que llegó al fin de sus planes, que se le olvidaron todas esas ilusiones de ser el libertador de su pueblo. El Moisés frente a la zarza ardiente era un hombre golpeado, humillado, formado y preparado para una de las obras de liberación más grandes en la historia.

Sin embargo, ya no pensaba en eso, y tanto es así que Dios tuvo que tratar duramente con él para que entendiera que, efectivamente, era el escogido para liberar al pueblo y llevarlo a la tierra prometida. La Biblia afirma que Dios se molestó con Moisés porque se negó a aceptar la tarea que le propuso (Éxodo 4.14). Una y otra vez, oímos decir a Moisés: «¿Quién soy yo?», «¡Ay, Señor!», etc. Le era difícil creer que, en realidad, Dios lo llamaba de nuevo a su servicio. Nosotros haríamos lo mismo, o hasta es probable que ya lo hayamos hecho. A veces Dios nos quiere usar y permitimos que la duda invada nuestros pensamientos y nuestros corazones.

Casi todos los que llegan ante Dios con arrogancia, como si le hicieran un favor a Él al «enrolarse» en el ministerio, tienen gran necesidad de pasar por la UDD. Les hace falta que el Señor los lleve al punto de depender y someterse a Él como sucedió con Moisés. Peor aun son los que llegan ante Dios con su lista de «requisitos para servir» en el ministerio. Piensan que antes de involucrarse en la obra tienen que obtener «buenas prestaciones laborales» o si no, no sirven. Los que Dios verdaderamente usa son aquellos como Moisés, que llegan ante Él y se declaran totalmente incapaces para servir, reconociendo que si Dios no está con ellos no pueden desarrollar la tarea. En este pasaje vemos a Moisés clamando al Señor para saber «QUÉ», exactamente, diría una vez que llegara ante Faraón. Y como siempre, Dios le dio la respuesta.

Lo más interesante de este relato se encuentra en el capítulo 4, versículo 2: «Y Jehová dijo: ¿Qué es eso que tienes en tu mano?» Dios no necesita más de lo que tenemos en la mano para usarlo, solo quiere que lo que tengamos se lo rindamos a Él para santificarlo y ungirlo con poder para su gloria. En esa ocasión, Moisés solo tenía una vara con la que arreaba sus ovejas y con la que se apoyaba para pasar por los caminos rocosos y desérticos, descender a los valles y subir las colinas por donde llevaba su rebaño en busca de alimento y agua. Es probable que la vara que había encontrado por ahí tirada en el camino era muy rústica o que la había arrancado de algún árbol caído. No sabemos dónde la encontró, pero se convirtió en su compañera fiel, su instrumento de trabajo, algo a lo que quizás no le dio importancia, pero en ese momento la voz en la zarza ardiente le preguntó: «¿Qué es eso que tienes en tu mano?» Me imagino que Moisés miró su vara y se preguntó: «¿Por qué me preguntará eso, si es la misma vara de siempre? ¿De qué podría servir este palo para liberar al pueblo de Israel? ¡Qué pregunta tan extraña!» Sin embargo, le respondió: «Una vara».

Todos tenemos algo en la mano que Dios puede usar para su propósito eterno. No tiene que ser espectacular, sino sencillo e incluso tosco; algo que con la unción y el poder de Dios, se convierte en un arma poderosa para el propósito de Dios en nuestras vidas. En la época de Moisés no existían tiendas donde uno escogiera entre una selección de hermosas varas, preparadas y pulidas de distintos tamaños, colores, precios y estilos. Muchos creemos que el instrumento que Dios va a usar tiene que ser de cierto tamaño, color, estilo, tipo de construcción, etc., cuando lo único que Él necesita es que le entreguemos lo que tenemos en las manos en el momento que lo quiera usar. Él no requiere grandes talentos ni habilidades, solo exige un hombre con un corazón sencillo, graduado de su universidad, dispuesto a rendirle lo que tenga en su mano, sea delicado o tosco, sea como sea.

Dios puede hacer maravillas y milagros con una vara sencilla, si tan solo se la entregan. Muchos pasamos años que no contribuimos al avance del reino porque esperamos que se abra el «Centro Comercial de Varas para el Ministerio» en lugar de ver lo sencillo, rústico, usado y acabado que tenemos en las manos para que Dios lo use. Otros condicionan su servicio al Señor deciéndole: «Cuando me des esto o aquello, entonces será el momento de servirte». Mientras tanto, el Señor sigue preguntando: «¿Qué es eso que tienes en tu mano?»

Las personas que condicionan su servicio al Señor exigiéndole de todo («Señor, aquí está mi lista de cosas que necesito para poder empezar») son las que, en realidad, no piensan servirle al Señor, solo juegan con Él. Los que toman el servicio al Señor en serio ven sus manos y observan que aunque su vara es fea, rústica e incómoda, es más que suficiente para la obra del Señor, siempre y cuando sea una vara rendida y sometida al uso de Él.

En 1992, Dios me concedió uno de los sueños que tenía desde pequeño: Mi propio grupo de músicos a tiempo completo para ministrar por todas partes. Hasta ese entonces usé un teclado electrónico y «pistas» musicales (en algunos países les llaman *playback*). A veces, como cuando grabamos en vivo, aumentamos el grupo con otros músicos o cantantes y en ocasiones son más de veinte personas. Ahora, cuando un jovencito viene a uno de estos magnos eventos y mira toda esa gente y todos esos instrumentos, las bocinas y las luces, tiende a pensar que ese es el estándar para todo ministerio de música, y se le olvida que eso es un producto de años de inicios pequeños de tocar con un solo instrumento y de ver cómo el Señor recompensa esa fidelidad con más y más, pero en ninguna manera es algo que se dio de un día para otro.

Una vez, cuando asistí a un concierto de un ministro de música norteamericano que usa equipos de alta tecnología e impacta a millones de jóvenes en todo el mundo, casi caí de espaldas al ver todo lo que Dios le ha dado. Lo más precioso de todo fue comprobar la unción poderosa de su ministerio y ver a más de tres mil personas que pasaron al frente para entregarse a Jesucristo. Sin embargo, recuerdo que cuando tenía quince años, asistí a un concierto cristiano donde esa misma persona empezó el evento (siendo aún totalmente desconocido) con una sola guitarrita y su voz. Casi todo ministerio tiene inicios pequeños.

Si empezáramos con la mesa servida, en cuestión de equipo, gente, dinero y demás, no podríamos valorarlo todo porque no nos costó mucho. Pero cuando pasamos años soñando, esperando, siendo fieles en lo poco, y el Señor comienza a bendecirnos, podemos valorar esas bendiciones mucho más, porque sabemos lo que es no tener nada. Las bendiciones se convierten en una fuente de gozo y ánimo. No caigamos en el error de muchos que miran lo que tienen quienes ministran por mucho tiempo y piensan que así es como deben empezar su ministerio. Entreguémosle al Señor la vara, rústica o fea, que tenemos en la mano y veremos cómo nos bendice con mucho más. Hay gente que puede dar fe de mi propio testimonio: Empecé con un pandero y muchas ganas de servir al Señor. Dios vio

SER FIEL EN LO POCO mi fidelidad y me bendijo con más de lo que pude imaginar.

¡Dios recompensa la fidelidad! Es una ley. Es un principio eterno. Necesitamos aprender a vivir dentro de esta ley y de este principio. Pasemos unos momentos estudiándolo para ver cómo usarlo en nuestra vida, ministerio y en nuestro sueño o visión.

Este principio se encuentra en Mateo 25.14-30, donde Jesús enseña la parábola de los talentos. El talento era una moneda, sin embargo el Señor aplicó esta figura a todas aquellas cosas que recibimos del Padre para hacer crecer su reino. La historia habla de un hombre que les dio talentos a sus siervos. A uno le dio cinco; a otro, dos; y al último, un solo talento. El que recibió los cinco talentos fue y «negoció» con ellos y los convirtió en diez. Es interesante ver que la Biblia usa la palabra «negoció». Eso nos muestra que el primer siervo era un hombre de empresa, dinámico y visionario, uno que podía tomar lo poco y duplicarlo.

Así deberían ser los ministerios actuales: empresarios, visionarios; haciendo las cosas con excelencia, esmero y entrega. Que dupliquen lo poco que el Señor les da. Nótese que dice que el *siervo* fue quien convirtió sus cinco talentos en diez. Algunos están sentados esperando que el Señor les traiga la cosecha, cuando Él espera que el siervo salga al campo a trabajar para bendecirlo con la cosecha. El

siervo es quien tiene la responsabilidad de salir y negociar
con sus talentos hasta que convierta lo que tiene en más.
La parábola concluye con la triste historia del último siervo
que no hizo nada con su talento, sino que lo escondió. Esto
es lo que muchos hacemos con los talentos que Dios nos
da. Algún día regresará el Señor y tendremos que rendirle
cuentas. ¿Por qué no hicimos nada con lo que nos entregó?
No escondamos nuestro talento... ¡Trabajémoslo!

Algo más que nos llama la atención al estudiar este
pasaje es que el versículo 29 dice: «Porque al que tiene, le
será dado más; y al que no tiene, aun lo que tiene le será
quitado». El talento que no se usó, se lo entregaron al que
tenía diez. La razón es sencilla: El Señor sabía que el siervo
que hizo mucho con los cinco, podría hacer más con cualquier cosa que se le entregara, y le dio este último talento.
Parece que las personas que hacen bien una cosa, pueden
hacer bien muchas otras. ¿Cuál es el secreto? Simplemente,
que saben sacar el mayor provecho a lo poco que tienen.

El Señor nos enseña aquí, que si somos fieles con los
primeros cinco talentos que nos da, nos dará también los que
los otros no supieron aprovechar. Él bendecirá nuestra vida
con más y más, según nuestra fidelidad; y a los que no hacen
nada con el talento que les dio, se los quitará. Él les da talentos
a aquellos que son confiables para «negociar» con ellos.
Por eso podemos decir: ¡Dios recompensa la fidelidad!

Otro pasaje interesante donde dice que seamos fieles en
lo poco se encuentra en Lucas 16.10-13. Dos aspectos so-
bresalen en este pasaje:

Fieles con las riquezas injustas

Si en las riquezas injustas no fuistes fieles, ¿quién os confiará lo verdadero? (Lucas 16.11)

Si no sabemos ser fieles con el dinero injusto (terrenal, de este mundo), el Señor nos pregunta cómo creemos que nos puede confiar las riquezas celestiales. Todas las traducciones bíblicas concuerdan que al decir «lo verdadero» Jesús se refiere a tesoros celestiales, riquezas espirituales. Si no sabemos ser fieles con nuestro dinero, pagando nuestras deudas, cumpliendo con nuestros compromisos, pagando nuestros diezmos y ofrendas, ¿cómo esperaremos que el Señor nos confíe el tesoro de las almas? Muchos ministerios no tienen resultados porque no son fieles con el tesoro terrenal que Dios les da, y por eso no experimentan la bendición de los tesoros celestiales.

Gracias a Dios que hay maneras de arreglar eso: Poniéndonos a cuentas con el Señor, cambiando nuestra forma de usar el dinero, para que la bendición descienda sobre nuestra vida y ministerio. Si no somos fieles con el dinero, no esperemos la bendición de Dios sobre nuestro tesoro espiritual.

Fieles en lo ajeno

El segundo aspecto que vemos en este pasaje dice:

Si en lo ajeno no fuisteis fieles, ¿quién os dará lo que es vuestro? (Lucas 16.12)

Dios no puede encomendarnos un ministerio propio hasta que no nos mostremos fieles en el de otros. Algunas personas, por aspirar a grandes ministerios, no aprenden que antes tienen que apoyar a otros ministerios, otros sueños y visiones, otros hombres y otras mujeres que Dios usa, para entonces encomendarles uno. Como vemos, nuestra infidelidad en lo que nos encargó de otros, el Señor sabe que necesitamos unos años más de instrucción en la UDD antes de graduarnos para el ministerio que nos corresponde.

Veamos de nuevo a Moisés. Atendió las ovejas de su suegro durante cuarenta años. No fue un trabajo muy agradable, pero fue fiel en lo que le encargaron. Como fue fiel con unas cuantas ovejas (riquezas injustas) de su suegro (lo de otros), Dios le encargó (lo suyo) directamente una multitud de personas (riquezas celestiales: almas).

Hoy, algunos están involucrados en el ministerio de otra persona y se preguntan una y otra vez: «¿Por qué el Señor no me saca de aquí a mi propio ministerio?» La respuesta *puede* estar en lo que estudiamos aquí. El Señor no lo encontró fiel en ese puesto que le dio. Solo escuchó quejas, murmuraciones o, peor aun, crítica contra el hombre o la mujer de Dios a quien sirve. El Señor no le encomendará alguna misión particular hasta tanto no vea la fidelidad en el ministerio de otro.

Expliquémoslo de la siguiente manera: Si un empleado de una empresa es infiel, ¿cómo creeremos que en el cargo de patrón será fiel? Imposible. Al que es fiel en lo poco se le confiará mucho. Al que es infiel en lo poco, aun lo poco que tenga se le quitará; y se le dará a quien tiene más. ¡Es una ley!

El último principio que veremos con respecto a la fidelidad se encuentra en Lucas 19.16-19. Allí el Señor Jesús enseña la parábola de las minas. Esta es similar a la de los talentos; solo que en esta ocasión, la recompensa es proporcionalmente directa a la fidelidad. Entendamos la explicación: Un hombre noble les dio una mina (también una medida monetaria), a cada uno de sus jornaleros. Al primero, su mina le produjo diez, y al otro cinco. Al que produjo diez, el noble lo recompensó con el gobierno de diez ciudades y al que produjo cinco, le dio cinco ciudades de recompensa.

El Señor recompensa la fidelidad de cada siervo proporcionalmente: El que hace más con lo poco que tiene, tendrá mayor recompensa porque se esforzó más. El que hace poco con lo que tiene, tendrá una recompensa menor porque el esfuerzo fue menor. Dios tiene muchas «minas» y muchas «ciudades» que quiere entregar a los siervos fieles. ¿Será uno de esos siervos que el Señor quiere recompensar? ¿Será una de esas personas que Dios hallará fieles en el puesto donde están ahora, para luego bendecirle con lo suyo? ¿O uno de esos que se atreverán a «negociar» con los talentos que Dios les dio para hacerlos crecer y multiplicarlos? ¿Será de los que recibirán la recompensa de siervo fiel? ¿Será uno de esos fieles con las riquezas injustas que paga sus diezmos, salda sus deudas, etc., de modo que el Señor le confíe los tesoros espirituales?

¿Qué tiene en la mano? Con eso podemos empezar. No necesitamos más. Dios impregnó la vara de Moisés con una unción y un poder extraordinarios. La convirtió en uno de los instrumentos de bendición para su pueblo. El Señor no necesita más que una vara rústica, fea y desagradable a los ojos de los hombres. Sin embargo, en las manos de Él se convierte en una extensión de su poder y de su bendición. Moisés pensó que la vara era la que tenía el poder y no obedeció la instrucción específica que Dios le dio usando la vara de forma incorrecta. Esa equivocación le valió el castigo de no entrar a la tierra prometida.

Mucho cuidado con la forma en que usamos los instrumentos y los talentos que Dios nos da. Si no obedecemos su voz en todo lo que nos instruye, podemos perder la bendición de entrar a la tierra que Él nos quiere regalar. La vara no es para impresionar a otras personas, sino para someterla y rendirla al uso del Señor. Hay que usarla SOLO cuando Él lo indique, ni antes ni después.

En resumen, ni usted ni yo necesitamos tener todo antes de empezar la obra que el Señor nos encomienda. Solo necesitamos entregarle lo que tenemos en las manos. Serle fieles con esa varita sencilla que le dimos. Fieles en lo poco, en las riquezas injustas y con lo de otros. De esta manera llegaremos a recibir lo nuestro. Levantémonos a entregarle ahora mismo esa vara que tenemos en la mano.

Repitamos la siguiente oración:

Señor, aquí te entrego esta pequeña vara que me diste para tu gloria. Espero que la uses para bendecir a tu pueblo. Ayúdame a usarla solo cuando me lo indiques. No antes, ni después. Hazme sensible a tu voz y tu dirección. Quiero que uses lo poco que tengo, para aumentarlo y que me halles fiel para darme más. Gracias, Señor, por usar personas como yo.

Sé fiel hasta la muerte, y yo te daré la corona de la vida (Apocalipsis 2.10).

Capítulo 5

DESHAGÁMONOS DEL «RASCAPANZA»

El predicador, acostado en su hamaca y bebiendo el agua de un delicioso coco helado mientras se mece bajo una palmera, pronuncia esta oración: «Señor, envíame las almas... tráemelas, Señor, que estoy para servirte...» Esta es una escena desagradable; sin embargo, es algo frecuente en el medio cristiano. Muchos deseamos que Dios nos use, pero no nos levantamos de la «hamaca» de nuestra comodidad para salir y hacer el trabajo que requiere el servicio al Señor.

Creemos que las almas nos caerán del cielo de alguna manera y que serán rescatadas, perdonadas, discipuladas y preparadas para enrolarse en nuestro club cristiano... digo, nuestra congregación. Lo del club me salió sin querer, porque eso parecen muchas congregaciones. No tienen una visión evangelística ni de crecimiento, sino que pasan semana tras semana escuchando los mismos cantos especiales y los mismos testimonios de los mismos miembros de los últimos veinte años. Pastoreados por el mismo hombre de la hamaca.

Dios no nos llamó a constituir clubes cristianos para deleitarnos, sino a ser soldados de su ejército, disciplinados y formados por su palabra y su Espíritu para convertirnos en un factor de cambio en el mundo, un ejército que brinda salvación a las almas perdidas. Así, como en todo ejército, tenemos que levantárnos de nuestras hamacas y salir a la batalla, despojándonos de esa vestidura llamada pereza, gandulería, holgazanería, haraganería, poltronería, apatía, negligencia, desidia, descuido, flojera, pigricia, lentitud, indolencia o pachorra.

Podemos llamarla como nos parezca, pero es algo que tenemos que erradicar de nuestras vidas, porque en este ejército no hay lugar para esa clase de gente. Especialmente en estos días en que la Segunda Venida de Cristo se acerca, lo que necesitamos es comprometernos a trabajar, a fomentar una ética laboral cristiana y a sudar ocupados en el trabajo del Señor.

¡INVOLUCRÉMONOS! Una de las mejores maneras de aprender a trabajar y dejar la pereza es trabajando. Involucrándonos en algo. A veces, aunque esperamos las oportunidades, las perdemos. Parece una contradicción, pero mientras aguardamos el día en que esa oportunidad dorada nos va a «lanzar» al ministerio, no vemos la posibilidad que el Señor nos presenta de participar en la edificación de su Reino. Por estar esperando esa oportunidad «perfecta» no vemos la que está delante de nuestros ojos. El hombre, o la mujer, que quiere servir al Señor, no desprecia las oportunidades. Sirve donde sea, cuando sea, de la manera que sea y en el momento que sea. Es una persona que no tiene flojera en su ser, sino que aprende a valorar lo que es esforzarse.

Todos llevamos algo de «rascapanza» por dentro. Ya es tiempo de destruirlo; la única manera de hacerlo es lavantándonos a trabajar. Y para deshacernos de la pereza hay algunos conceptos erróneos que debemos erradicar.

Necesítamos involucrarnos con lo que tenemos en la mano

¿Recuerda el capítulo anterior donde dijimos que Dios puede tomar lo poco que tenemos en nuestras manos, santificarlo, ungirlo y usarlo para su gloria? Pues eso es lo que debemos hacer desde ahora. No esperar a tenerlo todo antes de comenzar a trabajar, sino inventariar lo que tenemos y usarlo en el trabajo. ¿Recuerda que vimos el principio de la fidelidad a los ministerios de los demás para poder recibir el nuestro? Pues esta es una razón más para involucrarnos en la obra. Mientras somos fieles y persistimos en la obra, aprendemos la ética del trabajo, nos formamos, y tenemos la oportunidad de eliminar cualquier rasgo de pereza.

Si tenemos habilidades para ciertas cosas, y si algunas de ellas se destacan más que otras, sería interesante involucrarnos en algo totalmente nuevo para poder tener la experiencia enriquecedora de hacer algo diferente, fuera de lo común. Ese es el espíritu aventurero que necesitamos en el ejército de Dios.

¡El asunto es hacer algo! Lo más probable es que no tengamos todas las herramientas adecuadas para realizar la tarea, pero necesitamos involucrarnos y no sentarnos en un sillón a esperar que el Señor nos haga llegar «esa» oportunidad que creemos necesaria.

No esperemos ser perfectos para empezar

Esta es la segunda idea que necesitamos erradicar. El proceso de perfeccionamiento es precisamente eso: Un proceso que consume tiempo y una de las maneras más efectivas para perfeccionarnos es involucrándonos AHORA, no después de que seamos perfectos. Involucrarnos en este momento es algo que Dios puede usar para llevarnos a la perfección, pero si jamás levantamos un dedo para hacer algo, nunca podremos iniciar el proceso de perfeccionamiento que el Señor diseñó para cada uno de nosotros.

A como dé lugar, tenemos que involucrarnos en lo que sea, el caso es hacer algo, porque esto nos introducirá en la escuela que nos llevará a la perfección en Cristo. Si esperamos ser perfectos antes de involucrarnos, estamos pensando exactamente al revés: Nos involucramos en algo para recibir instrucción y llegar a ser como Cristo.

Recuerdo el primer recital de piano que di. Los alumnos de varios maestros de piano nos reunimos en la casa de uno de estos. Todos estábamos muy nerviosos, ya que el público era adulto: nuestros padres, algunos amigos, vecinos y familiares. Después que participó el primero de nosotros, los presentes se percataron de que nuestros maestros no organizaron ese concierto porque los alumnos alcanzáramos la perfección en la ejecución del piano, ¡ya que el primer compañero que tocó fue todo un desastre!

Mi participación, en especial, nunca la olvidaré; precisamente porque se me olvidó todo lo que tenía que tocar. Cuando me senté al piano delante de esa muchedumbre (que no eran más de treinta personas, pero que en la mente de un niño de nueve años parecía una multitud), se me olvidó todo. Se me borró el casete. La mente se me quedó en blanco por completo. No pude pensar en nada más que en una ruta de escape para huir despavorido. Comencé a tocar las primeras notas de la pieza, que, por cierto, a la hora del ensayo me salieron a la perfección, pero que por alguna razón ahora no recordaba, y lo que siguió fue todo un desastre. Pensé que quizás fuera el piano en el que estaba tocando que simplemente no cooperaba conmigo porque era un extraño para él. Hmmmm. Miré mis dedos, dejé de tocar y empecé de nuevo.

Mi maestra detectó el problema en el que estaba y discretamente se acercó y colocó delante de mí el libro que contenía la pieza que escogí. ¡Mi salvación había llegado! Pude terminar la pieza, pero no de memoria, sino leyendo esas notas preciosas que tenía enfrente. Nunca me parecieron tan bellas esas figuras negras como en ese momento. Cabe mencionar que MUY POCOS recitales que ofrecí en toda mi vida (que fueron muchos, en el tiempo que estudié piano y voz) me salieron bien, sino que la mayoría fueron experiencias muy difíciles que me sirvieron para muchas lecciones prácticas en mi vida.

¿Perfecto? ¡De ninguna manera! ¿Aprendí? ¡Claro, tanto que ni puedo contárselas! Hay un valor educacional ENORME que llega cuando sencillamente nos involucramos en lo que está delante de nosotros. Permitimos que eso nos conduzca a la perfección que anhelamos, pero no podemos esperar ser perfectos antes de empezar, sino que, precisamente porque somos imperfectos, tenemos que involucrarnos lo antes posible.

Echando a perder se aprende

Muchas personas temen cometer errores y usan ese miedo como una excusa para no involucrarse en nada. Reconozco que, en ocasiones, es bastante costoso aprender «echando a perder», pero es una de las mejores escuelas que tenemos en la vida porque nos brinda algo que no podríamos obtener de ninguna otra manera: experiencia.

Después de cometer un error, podemos decir con autoridad que pasamos por ahí, que lo vivimos en carne propia y que sabemos lo que es hacer o no, esto o aquello. Lo experimentamos personalmente. No es que nos lo cuente alguien ni que lo leímos en algún libro. Es algo que nos consta. Es comprobable y esa es la mejor forma de aprender algo: por experiencia propia.

No debemos temer a cometer errores, sino recordar que TODOS los cometemos, y que a través de ellos aprendemos lecciones sumamente importantes que de ninguna otra manera aprenderíamos.

No nos escondamos tras la excusa de que no queremos cometer errores como para no involucrarnos en algo. Dejemos salir al aventurero que todos tenemos dentro.

Tengo el privilegio de contar con un grupo extraordinario de personas que trabajan conmigo. Algunos podrían estar ganando grandes sumas de dinero en el mundo de los negocios, pero tienen una pasión por servir al Señor y quieren que la visión que Él nos dio salga adelante. Uno de ellos en particular es un hombre que despierta cada día con mil ideas nuevas respecto a qué podríamos hacer aquí o cómo podríamos trabajar allá, etc. La mayoría de sus ideas son muy buenas y dignas de estudiarse como viables para sacar adelante la visión. Sin embargo, de vez en cuando tiene algunas no muy buenas, además de una que otra que son simplemente extrañas.

En una de las muchas reuniones de equipo que tenemos, nos presentó una de esas ideas e inmediatamente tuve el presentimiento de que no era muy buena, y que nos toparíamos con el fracaso total si intentábamos implementarla. Después de un buen rato de tratar de explicarle mis consideraciones y mis presentimientos de que la idea no resultaría, me di cuenta que estaba sumamente obstinado con el deseo de realizar su plan. Le pregunté cuánto iba a costar y me dijo: «Tanto». Pensé por un momento: «¿Será un precio demasiado alto para que aprenda una lección importante?» Y aunque sí era un poco elevado el costo, me pude dar cuenta de que si no lo dejábamos llevarla a cabo, siempre nos culparía de que menospreciamos esa «gran oportunidad».

Decidí dejarlo desarrollar su idea, a sabiendas de que perderíamos gran parte del dinero que invertiríamos en ese proyecto. Además, lo hice porque sabía que era muy importante darle la oportunidad de aprender una lección que de ninguna otra forma aprendería. Le dije: «Te quiero anticipar que creo que tu plan va a fallar y que no es una idea buena, pero dejaré que cometas el error para que puedas aprender. Cuando tengas los resultados, solo quiero que me digas la cifra exacta de lo que perdimos». Lógicamente, me dijo que estaba equivocado y que dentro de poco tendría el gusto de demostrarme cuánto dinero ganamos, en vez de cuánto perdimos.

Me quedé callado y pasamos al siguiente tema. Tres meses después, en otra reunión, le pregunté a mi colaborador sobre su proyecto, la idea aquella que había implementado. Se sonrió un poco, agachó la cabeza y me dijo: «Ya, regáñame de una vez. Perdimos dinero, no fue como pensé. Lo único que te puedo decir es que me perdones por no obedecerte». Traté de no echarle más sal a la herida, así que no dije mucho, pero sí sirvió como una lección muy importante para todos. Eso no quiere decir que nunca he hecho lo mismo. De ninguna manera, porque lo he hecho en muchísimas ocasiones. Pero le doy gracias a Dios que siempre hubo gente, en esos momentos, que tuvo paciencia conmigo y me dio la oportunidad de equivocarme para poder aprender muchas cosas necesarias en mi vida.

Cometer errores es parte del proceso de la humanidad, y Dios usa eso en nuestra vida para enseñarnos muchísimas cosas acerca de su amor, paciencia y eterna misericordia. No temamos cometer errores. Al contrario, emprendamos con entusiasmo lo que tenemos que hacer. Pidámosle a Dios que ponga personas en nuestro camino que tengan paciencia con nosotros en el proceso de aprendizaje. Personas que nos sigan dando oportunidades para mostrarles a ellas y a nosotros mismos que sí estamos aprendiendo.

PREPARÉMONOS El apóstol Pablo le escribe a su hijo en la fe, Timoteo, y le dice en dos ocasiones «ocúpate». La primera vez se encuentra en 1 Timoteo 4.13 donde dice:

Entre tanto que voy, ocúpate en la lectura, la exhortación y la enseñanza.

Pablo afirma que el hecho de que no está a su lado no es excusa para que Timoteo esté desocupado, sino que necesitaba llenar su tiempo con lo que lo prepararía más ampliamente para el trabajo que haría al llegar Pablo.

¿Cuántas veces escuchamos a alguien decir: «Es que esperé que llegaras para hacer el trabajo, porque no estaba seguro de cómo querías que lo hiciera»? Es importante saber cuándo es prudente esperar a la persona que debe decirnos qué hacer, sin embargo, debemos tener mucho cuidado de que no sea solo una excusa para no hacer lo que debemos. Me imagino que Pablo no soportaba la idea de que Timoteo estuviera sin hacer nada solo porque «él no llegaba». Por eso le exigió que se «ocupara» en algunas cosas específicas mientras llegaba.

La lectura

«Todo líder es lector y todo lector será líder». No sé quién fue la primera persona que usó esa frase, pero es una regla de oro para el que quiere servir en el Reino del Señor. Hay demasiadas personas que necesitan comprometerse con la lectura. En el caso de la educación que Pablo quería impartirle a su discípulo, ese era el requisito, como lo debería ser con cada uno de nosotros.

La exhortación

Este es quizá uno de los conceptos más mal entendidos en el cuerpo de Cristo. Muchos pensamos que significa «regañar» o «llamar la atención», cuando en realidad contiene más un aspecto de compasión, urgencia y ruego al aconsejar. El que exhorta trata de AYUDAR a la persona a salir de un problema o una duda, no de enfatizarle su error. Tampoco tiene que ubicarse en un plano más alto considerando el asunto desde «arriba» (en una actitud de «Soy mejor que tú»). Debe colocarse al nivel del aconsejado para ver cómo puede ayudarlo a seguir adelante, a levantarse de donde está y a salir del error. Se une a él, se pone a su lado, se compadece de su situación y lo ayuda a levantarse. La exhortación es una experiencia enriquecedora y sumamente educativa. Permite que el exhortador (que conoce el concepto correcto de exhortar) aprenda de los errores de otro mientras se encamina, con esa persona, a la solución del problema.

La enseñanza

Tener el privilegio de enseñar a otra persona es una de las mejores escuelas, porque el proceso de estudio y preparación para impartir a otros lo que aprendemos es todo un instituto en sí, sin mencionar los beneficios que vienen al momento mismo de comunicar lo que preparamos para nuestros alumnos.

Un día, al charlar con mi amigo el pastor César Castellanos, que dirige una de las congregaciones más grandes de América Latina, le preguntaba sobre algunas cosas que el Señor le mostró para movilizar a los creyentes a ser discipuladores. «Sencillo, Marcos», me contestó, «la mejor manera de que la gente aprenda es enseñando. Los nuevos convertidos pasan por un proceso de intenso aprendizaje y en unos meses, si aprovechan el plan de estudios que les brindamos, están capacitados para enseñar a otros. De inmediato, se fijan la meta de conseguir a otros discípulos para enseñarles».

Enseñando se aprende. Por eso Pablo le encomienda a Timoteo que se «ocupe» en la enseñanza, porque sabe que es una de las mejores maneras para que su hijo en la fe crezca y su ministerio florezca para el Señor. Y esta es la segunda vez que Pablo le dice a Timoteo que se «ocupe», en el versículo 15:

Ocúpate en estas cosas; permanece en ellas, para que tu aprovechamiento sea manifiesto a todos.

En esta ocasión el apóstol nos muestra uno de los beneficios directos de ocuparnos: Nuestro aprovechamiento. Permanecer ocupados desarrolla nuestras habilidades en muchas maneras. Cuán importante es no encerrarnos en una o dos cosas; debemos aprender a involucrarnos en muchos y muy variados campos de trabajo.

Hace poco el Señor me dio una palabra para los alumnos que estudian en la universidad que tengo el privilegio de haber fundado: ¡Multifacéticos! Dios necesita personas dispuestas a participar en diferentes áreas, que desarrollen más y más sus talentos hasta descubrirlos todos.

Creo que una de las exigencias del Espíritu Santo en estos tiempos es que tengamos una experiencia rica y variada, de modo que tengamos disponibilidad para desempeñar diferentes tareas. Que en el momento que Él nos necesite para cualquier obra, por muy difícil que sea, estemos listos, preparados y motivados para ejecutarla sin «peros» ni objeción alguna. La única manera de volvernos «multifacéticos» es manteniéndonos ocupados. ¡Levantémonos de la hamaca, pongamos a un lado el coco, dejémonos de rascarnos la «pancita» y ocupémonos en algo!

La pereza avanza tan lento que la pobreza rápidamente la alcanza.

Benjamín Franklin

DIOS NO USA FLOJOS... ¡NI LOS NECESITA!

El libro de Proverbios habla tanto acerca de la pereza que nunca terminaríamos de estudiar todos los versículos que se refieren a ese tema. Es más, podríamos escribir otro libro y ni así profundizaríamos totalmente en el asunto. Pero, por lo que podemos observar en los pasajes, ¡a Dios no le caen muy bien los perezosos! Algunas de las promesas que les esperan no son nada buenas ni deseables:

Un poco de sueño, cabeceando otro poco,
poniendo mano sobre mano otro poco para dormir;
Así vendrá como caminante tu necesidad,
Y tu pobreza como hombre armado.
(Proverbios 24.33,34).

Dios promete y asegura que si continuamos durmiendo llegaremos a la pobreza y a la indigencia. ¡Es una promesa! En cierta traducción, este versículo dice que la necesidad vendrá sobre nosotros como un «bandido», mientras otra versión traduce «vagabundo». Es decir, cuando menos lo pensemos ni lo esperemos nos daremos cuenta de que nos «asaltó» la necesidad y nos despojó de lo poco que teníamos; todo, porque nos encontró dormidos y no despiertos, activos y trabajando. Como vagabundos, nunca sabremos de dónde venimos ni a dónde vamos, y así es como llega la necesidad a nuestras vidas. Cuidémonos de no quedarnos dormidos.

El Señor, en una ocasión muy crucial (en el Getsemaní antes de ser entregado para morir), llevó a unos de sus discípulos a orar con Él, pero se durmieron (Mateo 26.36-46). Entonces les preguntó: «¿Así que no habéis podido velar conmigo una hora?» ¡Qué triste realidad! Los discípulos del Señor, aquellos que debían ser los más ávidos seguidores de su ejemplo y de sus enseñanzas, duermen en uno de los momentos más trascendentales de la historia del hombre.

¡Eso me recuerda a tantos discípulos del siglo veinte que conozco! ¡Hoy es igual! En tiempos como estos, en que Dios derrama de su Espíritu sobre toda carne, tal y como lo prometió (Hechos 2.17), sus discípulos, llamados a ser guerreros y soldados en su gran ejército, están cómodamente echados en el pasto del jardín de sus bendiciones, dejando que otros hagan lo que les corresponde a ellos.

Es tiempo de quitarnos ese manto de sueño, reprender los «espíritus» de las sábanas, abrir los ojos, lavarnos la cara y buscar a Dios temprano, en la mañana (Salmos 63.1,2) para ver obrar su poder y su gloria en nuestra vida.

¡Despiértate tú que duermes! ¡Levántate y resplandece! Antes que venga el hombre armado para despojarte de lo poco que tienes y llevarte a la prisión de la necesidad y de la pobreza.

Muchos culpan al diablo por su necesidad y pobreza, y no minimizamos la obra que hace el enemigo para matar, robar y destruir (Juan 10.10), pero ellos mismos son los culpables por no levantarse de sus camas y extender la mano para hacer algo. Tenemos que destruir cualquier rasgo de «rascapanza» que haya en nuestra vida, por muy pequeño que sea.

Me sorprendió mucho encontrar que una de las razones por las que Dios destruyó la ciudad de Sodoma fue precisamente por la ociosidad. Dice Ezequiel 16.49 y parte del versículo 50:

> *He aquí que esta fue la maldad de Sodoma tu hermana: soberbia, saciedad de pan y abundancia de ociosidad tuvieron ella y sus hijas ... y cuando lo vi las quité.*

Dios no juega con el tema de la pereza. Eso es muy serio. «¡Dios no usa flojos, ni los necesita!» La primera vez que escuché esta frase la oí de uno de mis buenos amigos: Miguel Cassina. Salvo algunos detalles, recuerdo que me platicó que al principio tuvo muchos planes, pero un día se dio cuenta de que no lograba lo que quería y se quedó sin hacer nada; así que fue ante su pastor para ofrecerle sus «servicios» como ministro de música en la congregación. El pastor, imaginando lo que acontecía, le dijo: «Miguel, Dios no usa flojos. Ni los necesita». Creo que el objetivo del consejo era que consiguiera un trabajo o cursara algunos estudios, o algo por el estilo, pero la frase que le dijo su pastor no solo impactó la vida de Miguel de manera contundente, sino que se me quedó grabada desde el día que la escuché y la he repetido tantas veces que es una de las más célebres entre los alumnos de la universidad que comenzamos hace unos años.

Miguel reconoció que en ese entonces pensaba como muchos respecto al ministerio, que es un trabajo sencillo, sin muchas dificultades. Le aseguro que ahora no piensa así. Después de esa conversación con su pastor, pasaron muchas cosas en su vida que lo prepararon para el ministerio, tanto que ese mismo pastor lo invitó a integrar su equipo de colaboradores, y ahora, Miguel es un hombre que trabaja incansablemente para el Reino del Señor. Y eso gracias al consejo sabio de un hombre que lo ayudó a sacar lo que le quedaba de «rascapanza». Eso es lo que usted y yo tenemos que hacer.

Consideremos algunos de estos pasajes que encontramos en los Proverbios:

La mano negligente empobrece;
Mas la mano de los diligentes enriquece. (10.4)

Como el vinagre a los dientes, y como el humo a los ojos,
Así es el perezoso a los que lo envían. (10.26)

El alma del perezoso desea, y nada alcanza;
Mas el alma de los diligentes será prosperada. (13.4)

No ames el sueño, para que no te empobrezcas;
Abre tus ojos y te saciarás de pan. (20.13)

El camino del perezoso es como seto de espinos;
Mas la vereda de los rectos, como una calzada. (15.19)

El perezoso no ara a causa del invierno;
Pedirá, pues, en la siega, y no hallará. (20.4)

El deseo del perezoso le mata,
Porque sus manos no quieren trabajar. (21.25)

Ve a la hormiga, oh perezoso,
Mira sus caminos y sé sabio;
La cual no teniendo capitán,
Ni gobernador, ni señor,
Prepara en el verano su comida,
Y recoge en el tiempo de la siega su mantenimiento.
(6.6-8).

Quizás los pasajes que más me gustan, porque me recuerdan a algunas personas que he conocido con el paso del tiempo, se encuentran en el 22.13 y 26.13:

Dice el perezoso: El león está fuera;
Seré muerto en la calle.
Dice el perezoso: El león está en el camino;
El león está en las calles.

Difícil de creer, lo sé, pero hay personas que inventan CUALQUIER excusa con el fin de quedarse en la cama y no hacer nada:

Como la puerta gira sobre sus quicios,
Así el perezoso se vuelve en su cama. (26.14).

Una vez escuché a alguien decir que si los flojos usaran la misma creatividad para hacer las cosas como lo hacen para inventar las excusas para no hacerlas, serían hombres y mujeres con mucho éxito y muy ricos.

Considere algunos de estos proverbios populares, no bíblicos, pero adecuados:

De qué te sirve una buena cabeza si no hay piernas para cargarla. (Proverbio judío)

La abeja que hace miel no se queda en el panal.

Muchos no han fracasado. Sencillamente empezaron, se quedaron donde estaban y les gustó.

No hacer nada es el trabajo más agotador del mundo, porque uno no puede parar a descansar.

El haragán trabaja doble.

No hace mucho tiempo uno de mis colaboradores me entregó la siguiente «Tabla de excusas». Una de las características más notables de un perezoso es su habilidad para inventar excusas a fin de no trabajar. Leámosla, y observemos si usamos algunas de ellas.

Tabla de excusas
(Para ahorrar tiempo, usemos el número de la excusa)

1) Siempre lo hemos hecho así.
2) No sabía que era urgente.
3) Eso no me corresponde a mí.
4) Nadie me dijo que lo hiciera.
5) Estoy esperando que me lo autoricen.
6) ¿Cómo iba a saber que esto era diferente?
7) Ese es su trabajo, no el mío.
8) Espera que llegue el jefe y pregúntale.
9) Se me olvidó.

10) No creí que era tan importante.

11) Tengo tanto trabajo que no he podido verlo.

12) ¿No te lo había dicho?

13) Ese no es mi trabajo.

14) Se lo di a Pepe.

15) Primera noticia...

16) No lo he recibido.

17) Mañana lo tengo... sin falta.

18) Fíjese que...

¿Conocen algunas de estas excusas? ¿Será tiempo de descartar algunas de ellas de nuestro vocabulario? Creo que sí. Un dicho muy conocido afirma: «No hay *pero* que valga». Necesitamos dejar de usar tanta energía inventando excusas tan originales. Debemos usar esa creatividad para simplemente hacer el trabajo.

Quiero concluir este capítulo con algunas de las razones por las que debemos dejar la flojera. Principalmente, estamos viviendo en el último de los tiempos y el regreso de Cristo se aproxima. Él nos encomendó la predicación de su evangelio a todas las naciones (Marcos 16.15), y su Segunda Venida está directamente vinculada a la predicación de este evangelio (Mateo 24.13). No podemos darnos el lujo de estar desocupados cuando hay millones de personas que aún no conocen las buenas nuevas del evangelio de Cristo, ni podemos estar tranquilamente bebiendo agua de coco en una hamaca sabiendo que cada minuto que pasa, miles de personas mueren y se van a la eternidad sin Cristo.

¿Cómo podemos quedarnos inmóviles, sin hacer nada, mientras vemos que el enemigo destruye a nuestras familias, mata a nuestros hijos y se roba todas las bendiciones obtenidas por la victoria de Cristo en la cruz del Calvario? No podemos ser indiferentes al clamor de una humanidad sufriente, doliente y moribunda, teniendo en nuestra boca el mensaje de eterna salvación y en nuestras manos la herramienta necesaria para llevarla a los perdidos.

¿Podemos seguir reposando en la cama mientras la necesidad gime alrededor? Pidámosle al Señor que nos llene de pasión por las almas perdidas y que nos haga sentir el latir de su corazón por salvar a todo hombre, mujer, niño y niña. Pidámosle perdón porque no somos sensibles al deseo de su corazón que es traer salvación y sanidad a todos los que están necesitados. Pidámosle al Señor que nos quite cualquier raíz de flojera, pereza, holgazanería, apatía o negligencia, por muy pequeña que sea.

Vivimos en una época en que servir al Señor es una de las aventuras más emocionantes que puede vivir el hombre. No perdamos todo lo emocionante que el Señor tiene preparado para nosotros. No perdamos la bendición que viene a nuestra vida como resultado de anunciar las buenas nuevas de salvación a todo el mundo. Nunca estaremos más contentos que cumpliendo la voluntad de nuestro Padre celestial. Él nos llevará a las experiencias más agradables y emocionantes que jamás hemos imaginado. No perdamos la bendición de experimentar maravillas porque no salimos de nuestra cama (o hamaca) y no participamos en la obra del Señor practicando lo que nos instruyó. Viajaremos a lugares donde nunca habíamos estado. Conoceremos gente, costumbres y culturas que jamás imaginamos. Vivimos en un tiempo de oportunidades. No dejemos que la flojera nos haga perder todas esas bendiciones. No dejemos que la pereza nos gane: Salgamos a disfrutar de todas y cada una de las aventuras que el Señor nos está preparando a través de su Santo Espíritu.

Levántate, resplandece; porque ha venido tu luz, y la gloria de Jehová ha nacido sobre ti. Porque he aquí que tinieblas cubrirán la tierra, y oscuridad las naciones; mas sobre ti amanecerá Jehová, y sobre ti será vista su gloria. Y andarán las naciones a tu luz, y los reyes al resplandor de tu nacimiento. (Isaías 60.1-3)

Capítulo 6

EL FACTOR «SUDOR»

Somos muchos los que queremos todo sin dar nada a cambio, cuando eso es imposible. Cuanto más invirtamos, más recibiremos. Es una ley tanto en lo natural como en lo espiritual: Cosecharemos lo que sembramos (Gálatas 6.7). No es posible esperar que el Señor haga todo mientras nosotros no hacemos nada.

El Señor siempre hace cosas grandes e importantes con la colaboración de personas como usted y yo. Para abrir el Mar Rojo, Dios usó la vara ungida de Moisés. Sin embargo, este tuvo que extender la mano. Para alimentar a los cinco mil, en una ocasión, y a los cuatro mil, en otra, usó los panes y los peces. Pero alguien tuvo que donarlos a fin de que ocurriera el milagro. Cuando los discípulos presenciaron la pesca milagrosa, tuvieron que echar la red al otro lado del barco como les dijo el Señor. Ninguno de esos milagros pudo ocurrir sin la obediencia y la cooperación de las personas que Dios usó para hacerlos.

Los que deseamos que Dios nos use debemos aprender a obedecer y disciplinarnos lo suficiente como para seguir las instrucciones que recibimos a fin de experimentar los milagros que el Señor quiere hacer a través nuestro. Dios siempre usa personas organizadas, disciplinadas y diligentes para obrar a través de ellas. Él no *necesita* nuestra mano, pero *prefiere* usarla. Además, la *escoge* para hacer sus grandes obras. Lo que sí requiere es que sea una mano responsable, obediente, dispuesta, ordenada, disciplinada y diligente. Personas tan ordenadas que sepan de dónde procede la unción y a quién hay que darle la gloria por todo lo que hacen.

La gente irresponsable y desordenada siempre quiere darse crédito por lo que hace. Les gusta gloriarse por algo que no hicieron. Dios no puede confiar algo tan precioso, como la edificación de su Iglesia, a personas que solo desperdician lo que el Espíritu Santo les da. No puede confiar en quienes por su desorganización, despilfarrarán los bienes y recursos que Él brinda para edificar su Reino.

En este ejército nos urge llevar adelante el estandarte del nombre de Jesús a todas las naciones de la tierra. Debemos ser buenos mayordomos de sus recursos, sobre todo cuando su regreso se acerca. No podemos malgastar nuestro tiempo y dinero en cosas inútiles, ni en sistemas que no darán resultados. Necesitamos maximizar nuestros esfuerzos. Debemos reconocer que es Dios el que produce en nosotros tanto el querer como el hacer por su buena voluntad (Filipenses 2.13). De ahí que sea Dios, y no nosotros, el que recibe toda la gloria, la honra y el crédito de lo que hacemos y decimos. ¡Cuánto necesitamos esa clase de soldados!

¿Por qué tenemos fama de hacer las cosas con «mediocridad»? ¿Cuándo la cambiaremos por una que, en verdad, glorifique a nuestro Señor? ¿Cuándo mostraremos al mundo entero la excelencia que Él puso en cada uno de los que le seguimos? Lo lograremos cuando usemos el ingrediente principal: diligencia en todo lo que hacemos. Es decir, dedicándole tiempo y estudio a cada uno de los proyectos que emprendamos. No permitamos que reine la mentalidad de: «Cualquier cosa es buena». O, peor aun, la que afirma: «Esto es para su gloria. Si no sale bien, Dios conoce mi corazón».

Tenemos que destruir esos esquemas y esas formas de pensar que nos llevan a la mediocridad y a la tibieza. Debemos practicar nuevas maneras de pensar, principios y fundamentos para hacer las cosas con el lema de que *«precisamente* porque es para su gloria» tenemos que hacerlo todo con todas nuestras fuerzas y de la mejor manera posible.

En cada trabajo que hacemos, cada predicación, cada ministerio o servicio al Señor, deberíamos poder estampar nuestra firma como si fuera una obra de arte. Deberíamos ser como el pintor orgulloso de su obra porque la hace bien y no le apena que el mundo entero vea su nombre asociado con su arte. Sin embargo, demasiado a menudo las cosas que se hacen para Dios son tan malas que no podemos encontrar al responsable. Este se esconde en cualquier rincón, avergonzado porque sabe que trabajó a medias. Es hora de hacer cosas para el Señor que brillen no solo por su excelencia al desarrollarlas, sino también por el buen testimonio que impacta en quienes no lo conocen. ¡Diligencia! ¡Orden! ¡Disciplina!

El gran conquistador Napoleón dijo en una ocasión: «El orden camina con pasos medidos y calculados. El desorden siempre va de prisa». Por eso tenemos muchos soldados mediocres en el ejército de Dios. Quieren hacerlo todo de prisa. No tienen tiempo para aprender en la UDD. Quieren que el Señor los capacite de inmediato y los lance al ministerio de un día para otro. Anhelan disfrutar de todos los beneficios que tienen los que pasaron años de preparación y educación a su servicio. Las cosas de Dios no operan de esa manera.

Uno de los pasajes que más impacta mi vida es Hebreos 6.11,12:

> *Pero deseamos que cada uno de vosotros muestre la misma solicitud hasta el fin, para plena certeza de la esperanza, a fin de que no os hagáis perezosos, sino imitadores de aquellos que por la fe y la paciencia heredan las promesas.*

La palabra «solicitud» que usa el escritor en el versículo 11 significa simplemente: diligencia. Esta palabra quiere decir: «cuidado al hacer una cosa». Hay otro significado de la palabra «diligencia» implícita en sí misma y es «permanencia». Una vez que empezamos algo, debemos continuarlo hasta concluirlo y no abandonarlo en un momento de debilidad que sin duda nos sobrevendrá antes de terminar. El mismo versículo que leímos lo confirma: «hasta el fin».

Si mantenemos la fe y la paciencia, heredaremos tanto las promesas generales del Señor como las particulares. Recordemos también que recibir una herencia es algo ajeno a nuestro control. Tenemos que esperar hasta el momento en que nos den lo prometido, cuando lean el testamento. La clave es mantener la fe y la paciencia. No apresurarnos, ya que eso solo descontrola nuestras vidas.

Alguien dijo que «la estructura sin vida está muerta. Pero la vida sin estructura es imposible». El apóstol Pablo le escribe a Timoteo, su precioso y querido hijo en la fe, lo siguiente: «Ninguno tenga en poco tu juventud, sino sé ejemplo de los creyentes en palabra, conducta, amor, espíritu, fe y pureza» (1 Timoteo 4.12). Creo que una de las razones por las que a muchos jóvenes no se les toma en serio (se tiene «en poco» su juventud), es por la falta de testimonio ejemplar en cada una de los aspectos que menciona el apóstol. Eso no es un mal exclusivo de los jóvenes, a muchos adultos también se nos tiene «en poco» por la falta de una vida que muestre las cualidades de Cristo.

CRISTIANOS EJEMPLARES

Es necesario que analicemos nuestra vida, que nos examinemos a la luz de la Palabra. Si lo hacemos así, podremos ajustar nuestras actitudes de manera que lleguemos a ser esos cristianos ejemplares que el Señor quiere usar en su obra. Pablo menciona específicamente seis campos:

Palabra

Tenemos que preguntarnos si somos ejemplares en nuestro hablar. ¿Edifican y bendicen al oyente nuestras conversaciones? La Biblia nos habla mucho acerca del poder que tenemos en las palabras. Es más, hay un pasaje que lo expresa de la siguiente manera: «La muerte y la vida están en el poder de la lengua» (Proverbios 18.21). Más claro no podría estar.

¿Cuántas veces matamos a otras personas con las palabras que salen de nuestra boca? ¿Cuántas oportunidades de resucitar vidas perdemos porque no tenemos cuidado de brindar la palabra adecuada en el momento preciso?

La palabra a su tiempo, ¡cuán buena es!
(Proverbios 15.23)

Nos sorprendería mucho si alguien nos instalara un micrófono y grabara todo lo que hablamos en un día y después nos hiciera escuchar lo que dijimos. Es probable que nos espantemos con lo que sale de nuestra boca. Quizás cambiaríamos el vocabulario, tal vez los dichos y otras cosas que no producen vida en el oyente: «Mas evita profanas y vanas palabrerías, porque conducirán más y más a la impiedad» (2 Timoteo 2.16).

No podría seguir esta sección sin mencionar uno de mis versículos preferidos: «Ninguna palabra corrompida salga de vuestra boca, sino la que sea buena para la necesaria edificación, a fin de dar gracia a los oyentes» (Efesios 4.29). En este pasaje hay dos palabras «deliciosas»: edificación y gracia. Vamos a repetirlas juntos: «E-d-i-f-i-c-a-c-i-ó-n» y «G-r-a-c-i-a». HHHMMMM. ¡Qué delicia! Así deben ser nuestras palabras a los oídos de quienes nos oyen.

¿Quién no conoce personas que siempre tienen una palabra negativa, falsa o destructiva en la boca? ¿A quién le agrada estar con esa clase de gente? En mi caso, las evito a toda costa. De la misma manera hay gente cuya sola presencia bendice debido a las palabras preciosas, agradables y edificantes que pronuncia.

Hace muchos años tuve el gusto de conocer a un hombre que tiene ese don: Horacio Grimes. En cualquier situación, momento o lugar, tiene algo edificante que decir. Es de esas personas que cuando uno las ve presiente la bendición que recibirá al oír lo que saldrá de su boca. Al menos siempre le escuché palabras de bendición y amor. ¡Me encantaría que me conocieran como alguien que siempre edifica con lo que dice! Es algo que necesito perfeccionar bajo la gracia de Dios.

¿Qué hay con la mentira? ¿Por qué permitimos que esta destrucción y muerte entre a nuestra boca? Existe la idea generalizada de que hay «mentiras piadosas» o «blancas». Sin embargo, la Biblia afirma claramente que la mentira es muerte, destrucción y engaño. En Proverbios 6.16,17 la Palabra dice que es una de las siete cosas que ABOMINA el Señor. Y repite: «Los labios mentirosos son abominación a Jehová» (Proverbios 12.22). Es decir, los odia, los detesta, no los soporta.

Otra pregunta: ¿Por qué a veces les decimos a las personas lo que creemos que quieren oír en vez de decirles la verdad pese al costo que tenga? Cuando usamos mentiras de cualquier tipo: blancas, verdes, rojas, azules o amarillas, decimos lo que somos. Debido a eso nos menosprecian. Además, a la mentira se le suma la exageración. Por todo eso nos pedirá cuentas el Señor.

Muchas personas suelen decir cuando oyen a otras: «Está hablando *evangelÁsticamente*», como si fuera algo normal exagerar las cosas y agregarles más de la cuenta. ¡No lo creo! Dios nos llama a poner orden y disciplina en nuestra manera de hablar, en todos y cada uno de los sentidos. La última cosa que quisiera añadir a esto es que debemos recordar que lo que sale de nuestra boca es lo que dejamos entrar. Tengamos cuidado de lo que entra y nos preocuparemos menos de lo que salga.

Conducta

La palabra que utiliza aquí el escritor es de origen griego, *anastrophe*, y significa «estilo de vida». Al hablar de nuestro estilo de vida tenemos que hacernos ciertas preguntas. Estas deben enfocarse hacia los hábitos y las disciplinas que rigen nuestra conducta en todos los lugares en que nos movemos y con las personas que tenemos trato. ¿Cómo vivimos? ¿Qué hábitos desarrollamos y cómo ejemplifican la vida de Cristo ante quienes nos rodean? ¿Es notoria su presencia en nuestra manera de vivir, o es difícil encontrarlo en lo que hacemos y decimos? ¿Tenemos orden y disciplina? ¿Podemos decir que somos «ejemplares» en nuestra manera de vivir?

Tendríamos que hacer un estudio en cuanto a nuestras actitudes con los que nos rodean. Analizar nuestra conducta en las relaciones familiares. Todo nuestro «estilo de vida». Eso es lo que nos dice la Palabra de Dios. Necesitamos ordenar y gobernar conforme a los principios que nos enseñó nuestro Señor Jesucristo. Pedro lo dice de la siguiente manera: «Como aquel que os llamó es santo, sed también santos en toda vuestra manera de vivir» (1 Pedro 1.15). «Santo» es alguien puro, casto, reverente, libre de carnalidad, modesto. El Señor nos llama a ser personas separadas del mundo, del pecado, de la carnalidad y de la inmoralidad para dar gloria a su nombre.

Es interesante observar que en este pasaje el escritor también usa la palabra *anastrophe* cuando dice «toda vuestra *manera de vivir*», al igual que en 3.16 al utilizar la palabra «conducta»: «Teniendo buena conciencia, para que en lo que murmuran de vosotros como de malhechores, sean avergonzados los que calumnian vuestra buena conducta en Cristo». La Biblia nos dice que si las cosas marchan bien en nuestro estilo de vida, las personas que nos calumnian se avergonzarán. No tendrán bases para sustentar sus mentiras, sino que nuestra conducta, nuestra *anastrophe*, es tan ejemplar que se avergonzarán al querer calumniarnos.

¿Qué le parece? ¿Está de acuerdo conmigo en que necesitamos poner más atención a nuestra conducta? Es la única forma en que verán a Cristo en nuestra vida.

Amor

Cuando leí este pasaje y vi la palabra «amor», me pregunté:

¿Cuál de las palabras griegas que traducimos al español como «amor» usaría el escritor en esta ocasión? No me sorprendí al observar que fue *ágape*, amor divino, amor perfecto, amor que da sin esperar algo a cambio. Esta es la clase de amor que tanto necesitamos para que nuestra vida marche bien. El apóstol Pablo, a través de su carta a Timoteo e inspirado por el Espíritu Santo, nos llama a ser ejemplares con nuestro amor. Nos llama a poner orden y disciplina en todo lo relacionado con él en nuestra vida. ¡Cuán difícil es eso para muchos de nosotros!

El mundo nos enseña un amor extraño, un amor que espera recibir, un amor con condiciones. Un amor que no piensa en los demás sino en sus propios intereses. Verdaderamente, ¡necesitamos amor en estos tiempos!

Nunca comprenderemos a plenitud el amor de Dios. Pablo escribe a los romanos y les dice: «Mas Dios muestra su amor [*ágape*] para con nosotros, en que siendo aún pecadores, Cristo murió por nosotros» (5.8). El versículo 7 destaca que aun por alguien bueno sería difícil encontrar otro que muriera por él. Sin embargo, ¿cuánto más será el amor de Dios hacia nosotros que a pesar de que somos *pecadores* entregó su vida por nosotros? Esto es un gran desafío. ¿Cuándo tendremos esta clase de amor?

Consideremos las palabras de Jesús en Juan 15.13: «Nadie tiene mayor amor [*ágape*] que este, que uno ponga su vida por sus amigos». Es triste, pero quizás si nos someten a tal clase de prueba, ni siquiera la pasaríamos. Muchos estamos tan ocupados y preocupados pensando en nuestros problemas o en nuestros desafíos, que no tenemos tiempo de lidiar con los problemas de otros, ¡*mucho menos* dar nuestra vida por ellos!

¡Cuánto necesitamos amor *ágape*! Si queremos ser soldados del ejército del Señor, tenemos que ordenar este aspecto de nuestra vida. Debemos tener esa clase de amor que piensa más en el prójimo que en nosotros mismos. Si pensamos en ellos, el Señor se encargará de nosotros. Él puede con nuestras necesidades mejor que nadie.

Espíritu

Creo que todos estamos de acuerdo en que el hombre es tripartita. Somos espíritu, tenemos un alma y vivimos en un cuerpo. Al escribirle a Timoteo, Pablo le dice que otro de los asuntos que tiene que ordenar para que nadie lo tenga «en poco» es lo espiritual.

Es sorprendente ver la atención desmedida que le damos a nuestra alma y a nuestro cuerpo. Casi todo el tiempo estamos atendiendo el cuerpo con descansos, alimentos, paseos, diversiones, vestidos, ejercicios, higiene. Le untamos cremas, colonias y perfumes. Lo maquillamos, le cortamos las uñas, le cortamos el cabello, lo peinamos, le damos masaje, lo deleitamos con música y muchas cosas más. ¡Qué ilógico! Debemos considerar que somos seres espirituales y que el cuerpo no va a ser eterno sino nuestro espíritu.

La Palabra nos habla más en cuanto a buscar las cosas de arriba que las de la tierra (Colosenses 3.1,2) y respecto a vivir para el espíritu más que para la carne (Romanos 8.5-13). Por lo tanto, es indispensable hacer morir las obras de la carne de manera que el espíritu viva (Romanos 6.11, Gálatas 2.20) y así tener una vida en la que impere la mano del Espíritu de Dios. Muertos a la carne y sus deseos, y vivos para Dios.

¿Somos ejemplares en espíritu? ¿Son nuestras motivaciones puras en todo lo que hacemos? ¿Podemos decir que tenemos una relación con Dios, o tenemos una religión seca y muerta? ¿Fluye lo que hacemos y decimos de un espíritu puro, limpio, sin mancha ni pecado? ¿Fluye de un corazón «guardado» de maldad?

Sobre toda cosa guardada, guarda tu corazón;
Porque de él mana la vida.
(Proverbios 4.23)

Si queremos servir al Señor, necesitamos pasar mucho más tiempo ejercitándonos espiritualmente a fin de tener el espíritu preparado para los grandes desafíos que viviremos en la obra del Señor. Esto significa, en términos prácticos y comprensibles, que necesitamos consagrarnos más a la oración, la intercesión, la lectura, la meditación y el estudio de la Palabra de Dios. Debemos hacer de cada una de estas cosas un hábito, una práctica diaria. Debemos entregarnos a la alabanza y la adoración de Dios, al ayuno, a la evangelización, al servicio cristiano y a todas esas cosas que nos sirven de ejercicio espiritual. Dejemos de pensar tanto en la carne y aceptemos el desafío de la Escritura en cuanto a ser ejemplares en espíritu para que nadie nos tenga «en poco».

Fe

¡Cuánto necesitamos ser gente de fe! Cada día que pasa entiendo más por qué en cierta ocasión un hombre le dijo a Jesús: «Ayuda mi incredulidad» (Marcos 9.24). Me uno a ese hombre. Vivimos en un mundo que duda de todo. «Ver es creer» es el lema de estos tiempos.

En medio de esta incredulidad, la pregunta es: ¿Dónde está la gente de fe? ¿Dónde está la generación de «creyentes» (gente que cree)? ¿Dónde están los que se distinguen al brindar la fe y la esperanza que el Señor quiere dar? ¿Dónde están los que dicen «Sí se puede» ante el clamor de los demás que dicen «No»? ¿Dónde están los que caminan sobre el agua a la voz del Maestro? Esos deberíamos ser nosotros. Sin embargo, tenemos tantas dudas y luchas que no hay tiempo para ser una fuente de inspiración y fe a los que no conocen al Señor Jesús. Necesitamos que nuestra fe aumente para poder llevarla a los que no la tienen.

¿Se comprende ahora por qué dije al principio de esta sección que me encuentro muchas veces pidiéndole al Señor que ayude mi incredulidad? Nos hace mucha falta creer a sus promesas, llenarnos de su Espíritu. Necesitamos encontrarnos con el poder de su Palabra y vivir en ella, para ser personas con una fe «ejemplar». Ese es el desafío que tenemos delante.

Se habla y se escribe tanto sobre este tema que sería inútil de mi parte tratar de añadir algo. Solo puedo agregar que me siento totalmente incapacitado para hacerlo ya que necesito entenderlo más. Creo que muchos de los que afirman entender el tema de la fe en verdad están en ese proceso. Después de todo, ¿quién puede entender la mente y el Espíritu de Dios en su totalidad?

Algunos tergiversan el concepto de la fe a tal grado que dicen usarla para obtener bienes, riquezas o favores de Dios. Pero lo que en la Biblia vemos es que sirve para obtener riquezas espirituales, la plenitud de la gracia, los frutos y los dones espirituales. Por eso es que quiero más fe, para estar más lleno de Él. No la quiero para amasar bienes y propiedades o cosas materiales que solo se pudren y perecen. Quiero ser de los que con solo oír la voz del Señor creen en Él y le obedecen. Quiero ser uno de los que no se quedan inmóviles ante circunstancias extrañas, sino que dejan que la Palabra del Señor los guíe. Quiero ser una persona con «certeza» y «convicción», según Hebreos 11.1 que dice:

> *Es, pues, la fe la certeza de lo que se espera, la convicción de lo que no se ve.*

Necesito tener seguridad, confianza y convicción de moverme de acuerdo a lo que el Señor me ha dicho que debo hacer. Cabe mencionar que esto es algo que llega con el tiempo y a través de todo un proceso en nuestras vidas. Necesitamos sumergirnos en una vida de fe y llenarnos con la Palabra de Dios. La fe viene cuando la oímos (Romanos 10.17). Necesitamos desarrollar un oído sensible a su voz para saber cuándo nos habla, y así obedecer sus instrucciones (Juan 10.27).

Pedro nunca habría caminado sobre el agua si se hubiera quedado cómodamente sentado en el barquito cuando escuchó el llamado del Señor. Si hubiera sido como tantos de nosotros, le habría pedido mil señales, manifestaciones y pruebas de que lo llamaba. El Señor solo le dijo: «Ven». Pedro obedeció y, como resultado, fue el único de los discípulos que caminó sobre el agua. Los demás tuvieron que observar desde el barco sin poder disfrutar del poder del milagro y quizás criticando al que salió del barco para hacer algo que jamás alguien hizo. Así es la gente que no tiene fe. No solo no quieren involucrarse en el mover de Dios, sino que critican y atacan a todos los que quieren hacer algo diferente y nuevo. Como decimos en mi pueblo: «No lanzan la bola, ni la capturan, ni dejan batear». ¡Solo estorban! Esa clase de personas sobran en el Reino de Dios.

Ya no las necesitamos. Al contrario, necesitamos que se vayan. ¿Qué clase de gente somos usted y yo?

Decir que soy un gran hombre de fe sería mentir. Decir que deseo aumentar mi fe y el nivel de «convicción» y «certeza» de mi vida es describir el proceso que vivo día tras día. Este es un compromiso que debe adquirir cada uno de los que decimos: *¿Señor, en qué puedo servirte?* Una vez más quiero decir: «Señor, ayuda mi incredulidad». Quiero creer, quiero ser ejemplar con mi fe de forma que no me tengan «en poco» y para ser un mensajero fiel y obediente a tu voz.

Pureza

La palabra es *hagneia* y simplemente quiere decir: «sin pecado en la vida». Así de sencillo. En los meses previos a la redacción de este libro, el enemigo desató un ataque extraordinario contra muchos ministerios. Es más, me involucré tanto en uno de esos asuntos que no pude tener listo este volumen en la fecha que me propuse.

¿Cómo es posible que después de tantos años y experiencias aún pasemos por alto las maquinaciones del enemigo? ¿Cuándo se levantará una generación de soldados y siervos que se protejan entre sí en cuanto a la pureza? ¿Cuándo habrán personas que no permitan que los ataques del enemigo las debilite al punto que flaqueen y caigan? ¿Cuándo levantaremos a nuestros compañeros heridos y los atenderemos para que puedan seguir ayudando en la intensa batalla en que estamos?

Las siguientes preguntas son la más difíciles: ¿Cuándo seremos capaces de discernir el momento en que cualquiera de los nuestros pasa por un instante de crisis y debilidad? ¿Cuándo iremos a ellos con una palabra fresca y ungida de parte del Señor para impedir una posible caída? Esta cuestión me desafía. En muchas ocasiones tenemos la oportunidad de hablarle a nuestro hermano, pero estamos tan metidos en lo nuestro que no dedicamos un momento para meternos en el problema del que necesita ayuda. Es lamentable, pero perdemos demasiados soldados debido a que no sabemos cuidar a nuestros compañeros lo suficiente como para impedir un ataque del enemigo.

Siento un clamor que sale del corazón del Padre por la unidad de su cuerpo. Un grito para que no estemos cada uno por su lado haciendo lo que queremos. Una petición a que velemos los unos por los otros, nos cuidemos y nos ayudemos a pasar por los desafíos de la vida.

Cuando Nehemías reedificaba los muros alrededor de Jerusalén, una de sus preocupaciones era que «la obra es grande y extensa, y nosotros estamos apartados en el muro, lejos los unos de los otros» (Nehemías 4.19). Atendiendo a esa necesidad, diseñaron un plan para cuidar a sus compañeros. Hoy necesitamos diseñar una estrategia, un plan, que sirva para proteger a los compañeros que edifican el mismo reino que nosotros. Creo que uno de los desafíos más grandes que tiene por delante el hombre y la mujer de Dios en estos tiempos es permanecer firmes ante los ataques que el enemigo forja para su destrucción. Por esto nos necesitamos unos a otros.

Hace poco leí en un periódico cristiano que los dos desafíos más grandes del sexo masculino son: sensación de soledad y pornografía. De ninguna manera me considero un conocedor del tema, pero parece que la primera lleva a la segunda. Estoy cada vez más convencido que una de las maneras clave de mantener una vida pura es rodeándonos de personas con las que tengamos un compromiso.

Personas que Dios coloca en nuestras vidas para entablar una amistad y desarrollar una confianza mutua. ¡PUREZA!

Apartaos, apartaos, salid de ahí, no toquéis cosa inmunda; salid de en medio de ella; purificaos los que lleváis los utensilios de Jehová. (Isaías 52.11)

Es indispensable, para el bien del cuerpo de Cristo, que los que llevamos los utensilios del Señor, los que ministramos a su pueblo, tengamos las manos limpias. De otra manera, lo contagiaremos con toda clase de enfermedad y malestar. Dios nos demanda pureza en todas las áreas de la vida: nuestros pensamientos, nuestras palabras, lo que oímos, lo que vemos, lo que hablamos, los lugares que frecuentamos, la gente con las que nos reunimos, las actividades en que nos involucramos, los libros, los periódicos y las revistas que leemos. En fin, todas las áreas de la vida necesitan ese fuego purificador del Espíritu Santo para ser esos siervos ejemplares del Señor y para que nadie nos tenga «en poco».

Es probable que tengamos que hacer algunos ajustes en nuestro estilo de vida. Si queremos que Dios nos use, debemos pagar ese precio. Si no estamos dispuestos a pagarlo, no le digamos: *Señor, ¿en qué puedo servirte?*

Exhorta asimismo a los jóvenes a que sean prudentes; presentándote tú en todo como ejemplo de buenas obras; en la enseñanza mostrando integridad, seriedad, palabra sana e irreprochable, de modo que el adversario se avergüence, y no tenga nada malo que decir de vosotros. (Tito 2.6-8)

CONSEJOS PRÁCTICOS La mayoría de las cosas analizadas hasta ahora son consejos útiles para servir al Señor. En esta sección quiero comentar algunas cosas que nos pueden servir en el sentido de cómo organizarnos y disciplinarnos mejor para tener una mayor efectividad y eficiencia en la obra del Señor.

Organización y disciplina

Dios no es un Dios que desperdicia, sino que aprovecha cada uno de los recursos que tiene a la mano para hacer un óptimo trabajo. Su creación es un ejemplo perfecto de lo que acabo de mencionar. Fue un ciclo, una cadena delicadamente formada con el fin de darle continuidad sin la intervención de nadie.

Cada vez que me impaciento con las moscas, mi esposa me recuerda que Dios las hizo para alimentar a las ranas y las arañas. Dios creó los buitres para que se coman la carne de los cadáveres que se descomponen a la intemperie. Les sirven de alimento a la vez que higienizan el ambiente en que moran los seres vivientes. Dios es sumamente organizado y jamás desperdicia algo.

Estos dos ejemplos, aunque insuficientes, sirven como una pequeñísima muestra de que servimos a un Dios que no echa a perder las cosas con desorganización. Además, como somos hechos a su imagen y semejanza, creo que también podemos aspirar a llegar a ese punto de organización y orden. Debemos disciplinar de tal manera nuestra vida, que tampoco desperdiciemos las cosas.

Usemos un sistema de organización

Es muy importante ser sistemáticos. Es cierto que algunos

sistemas son más eficientes que otros y algunos parecen inventos raros de gente extraña. Sin embargo, el asunto aquí no es decir cuál sistema es mejor que otro, sino convencernos de que cada persona necesita tener uno.

Todos necesitamos tener algún esquema organizativo, ya sea inventado por nosotros mismos o adoptado de los tantos que existen. Es probable que a algunos se les dificulte pensar que podría llegar el día en que necesiten organizarse de manera que puedan cumplir con todos sus compromisos. A lo mejor, hasta el momento solo tienen una o dos cosas que hacer durante todo un día, pero no siempre será así. Además, repito, si no somos fieles a nuestros pocos compromisos, Dios no nos dará más.

Con mayor razón es importante contar con algún sistema organizativo desde ahora, antes de que llegue el momento de que se nos confunda todo. Les aseguro que si un ministerio itinerante no cumple sus compromisos y su razón es porque «Ay... se me olvidó». Llegará el día en que a esa persona no solo la van a dejar de invitar, sino que la calificarán de irresponsable, inmadura, desorganizada, informal e incumplidora. No durará mucho, se los aseguro.

Es necesario utilizar una agenda, un calendario y un horario de actividades para poder mantener todo organizado y sistematizado. No debemos avergonzarnos si no tenemos nada en el calendario ni en la agenda. Llegará el día en que se llenarán y entonces recordaremos con deleite cuando no teníamos nada programado y le pediremos al Señor que nos ayude a tener un día de descanso.

Leamos acerca de la organización

Hay mucho material, tanto secular como cristiano, que

podemos leer para ayudarnos a organizar mucho mejor nuestra vida. En el mundo de los negocios, cuya motivación es totalmente material (dinero), constantemente se busca cómo mejorar los sistemas de organización. Muchas de esas cosas podrían sernos útiles en el servicio al Señor, donde la motivación es mucho mejor y eterna.

Debemos invertir tiempo y dinero en algunas publicaciones útiles para desarrollar nuestras habilidades organizativas. Lo que tenemos que recordar es que Dios nos hizo distintos, de ahí que tengamos diferentes maneras de llegar a la misma solución. Necesitamos encontrar la forma que se adapte mejor a nuestra personalidad y carácter. Hay mucho material que habla sobre esto.

Analicemos los hábitos y patrones personales

Este es un punto muy interesante ya que podemos concluir en cuanto al porqué no tenemos buenos resultados en algunas cosas. Por ejemplo, anteriormente vimos ciertos versículos que hablan acerca de levantarse temprano y las promesas que acompañan a los que lo hacen. Analicemos nuestros hábitos mañaneros.

¿Luchamos para levantarnos de la cama? ¿Reprendemos al reloj despertador en el nombre de Jesús cuando suena tempranito? Si es así, quizás necesitamos evaluar nuestros hábitos. Tal vez debemos observar la hora en que nos acostamos en la noche. A lo mejor esto nos indique por qué batallamos tanto para despertar en las mañanas. En ese caso, haría falta un pequeño ajuste en nuestros hábitos. A esto me refiero cuando hablo de la importancia de analizar nuestros hábitos y patrones personales.

Otros ejemplos o hábitos que deberíamos analizar son: ¿Cómo dejamos nuestra habitación antes de salir? ¿Cuáles son nuestros patrones de lectura y estudio de la Biblia? ¿Cuál es nuestro historial en materia de puntualidad?

A fin de analizar nuestros hábitos y patrones podríamos involucrar a los que nos conocen o que han vivido con nosotros por mucho tiempo para escuchar lo que piensan de nosotros. Recordemos siempre que necesitamos hacerlo en un ambiente de confianza y amor absoluto. Es necesario que no surjan pleitos, contiendas ni disensiones.

¡Deténganse! ¡Observe! ¡Escuche!

Este es uno de los mejores principios que conozco para ordenar y disciplinar nuestras vidas. La mayoría de las personas desorganizadas son las que no conocen el arte de mantener la boca cerrada y escuchar. Podemos aprender mucho de otros que ya han pasado por donde nosotros estamos pasando. Estos nos pueden quitar muchos tropiezos del camino con sus palabras de consejo. Si tenemos el privilegio de contar con un «mentor» (alguien que guía, discipula y enseña; un maestro), deberíamos agradecerle al Señor todos los días por esa persona y tratar de pasar cuanto tiempo podamos con ella para aprender más.

Recordemos el dicho: «El que a buen árbol se arrima, buena sombra lo cobija». Si no tenemos a alguien así, debemos pedírselo al Señor que nos lo dé. Si no lo conseguimos, no olvidemos que el Espíritu Santo es Consejero y Consolador. Uno de sus propósitos principales al estar entre nosotros es guiarnos, enseñarnos y recordarnos todas las palabras de nuestro Maestro.

Hagámonos el propósito de hacer las cosas

Muchas de las cosas que tenemos que hacer en la vida no

son fáciles ni las hacemos con gusto. Tenemos que adquirir el compromiso de enfrentar la responsabilidad. De sacar adelante aun esas cosas que nos desagradan. Por ejemplo, uno de los pasatiempos que más disfruto es jugar al golf. Pero una de las cosas que más me desagradan es tener que pasar hora tras hora sentado a una mesa solucionando problemas que surgen como resultado del crecimiento de nuestro ministerio.

Infinidad de veces me siento a una mesa pensando en otras cosas que quisiera estar haciendo (como jugar al golf). Sin embargo, me mantengo allí porque hace mucho aprendí (gracias a mi mamá) que tengo que hacer las cosas que debo y no solo las que me gustan. Eso se llama «responsabilidad» y es uno de los elementos que separan a los adultos de los niños. En otras palabras, es una muestra de madurez. Sabemos que un niño está madurando cuando se cepilla los dientes sin que mamá lo obligue. No porque le agrade, sino porque aprende que si no lo hace su higiene dejará mucho que desear.

Otro ejemplo sería cuando tengo que confrontar a alguien por algún error que cometió. Esta tarea me toca hacerla a menudo, ya sea con uno de mis hijos naturales, adoptivos o espirituales. No es algo que me «gusta» hacer, pero lo hago porque reconozco el papel que debo desempeñar en su vida y la necesidad que tiene la disciplina en el desarrollo de su carácter. Hacer las cosas, aunque no nos gusten, es parte de la vida de un soldado disciplinado y ordenado. Esa es la clase de soldado que necesitamos en el ejército del Señor.

Seamos receptivos a la crítica
¡Ayayay! Esto es lo que a nadie le gusta. Todo marchaba

más o menos bien hasta que mencioné este punto. No podemos organizarnos ni disciplinarnos a menos que estemos dispuestos a que nos ordenen y nos disciplinen. Es parte del proceso de formación. Dios usa la crítica para moldear en nosotros su carácter. Si permitimos que la crítica surta efecto, tarde o temprano estaremos más preparados para el servicio del Señor. Si dejamos que nos aplaste, no estamos listos. Cuando servimos, encontramos de todo: Desde gente que nos ama y nos apoya, hasta gente que no lo hace. Y no quiero mencionar todos los ataques que el enemigo lanzará en contra nuestra.

La crítica puede ser muy importante para prepararnos en cuanto a toda clase de obstáculos que puedan venir. No es FÁCIL llevar la crítica. Por el contrario, es sumamente difícil, pero si aprendemos de ella, estaremos mejor preparados para lo que el Señor nos llame.

Al inicio de mi ministerio, cuando empecé a grabar mis primeros discos y a asistir a mis primeros conciertos, pasó algún tiempo antes de que escuchara las primeras críticas. Sinceramente, nadie me preparó para el impacto negativo que eso tendría en mi vida. Fue una píldora muy difícil de tragar. Ahora comprendo que Dios usó esas críticas para afirmarme en la fe. Él sabía que no se compararían con las mentiras y las calumnias que en años venideros se levantarían en mi contra.

Recuerdo una vez en que me lamentaba de una herida, quejándome y lloriqueando con uno de mis queridos y apreciados amigos y consejeros, Víctor Richards. De pronto, este me interrumpió para decirme, con su manera tan directa de hablar: «Marcos, recuerda que todo ese estiércol solo sirve para abonar la tierra». Fue todo. Desde ese día pude entender que, en verdad, tiene razón la Palabra al declarar que todas las cosas «[nos] ayudan a bien» (Romanos 8.28).

¿Es difícil aceptar la crítica? Excepto la muerte, más que cualquier otra cosa, diría yo, porque casi nos mata. ¿Es buena la crítica? Cuando no permitimos que broten raíces de amargura, rencor u odio, quizás nos salve la vida y hasta el ministerio. ¿Llegará el día en que no nos duela ni nos afecte? No creo. Siempre duele, pero lo que hacemos con ella después de recibirla es lo más importante. ¿Dejamos que moldee en nosotros el carácter de Cristo? Entonces es buena, aunque duela. ¿Dejamos que nos produzca enojo, dolor y resentimiento? Entonces estamos permitiendo que el enemigo se salga con la suya y eso es exactamente lo que no queremos para nuestra vida. Un espíritu que se deje enseñar es lo que todos necesitamos para poder ser útiles en el Reino del Señor.

Después de muchos años de escuchar tanta crítica, mentiras, rumores y chismes acerca de mí y de mi ministerio, todo esto se ha vuelto uno de nuestros pasatiempos en la oficina. Aquí comentamos el rumor más reciente que corre por las naciones. Ahora nos reímos oyendo tantas historias estrafalarias y extrañas. Pero siempre trato de recordar que si pienso que estoy por encima de la crítica es porque me creería más importante que mi Señor Jesús. Al Señor no solo lo criticaron y hablaron mal de Él, sino que lo llevaron hasta la muerte. Si no estoy dispuesto a morir por mi Señor, es que me creo más importante que Él y eso no es posible.

Nunca quiero olvidar que existo y tengo vida porque Jesús dio la suya. Y que nunca recibiré algo que Él no haya recibido. El Señor me dio el ejemplo y me mostró la actitud perfecta de bendecir a los que me maldicen, de hacer bien a los que me persiguen de dar la otra mejilla cuando me golpean una. Como es Él, así quiero ser.

Debemos pedir ayuda al Señor

Aunque este es el último punto, no por ello deja de ser el más importante de todos. Recordemos que Dios da buenas dádivas y que no detiene su mano para hacer el bien a todos lo que queremos confiar en Él. Si luchamos por organizarnos y disciplinarnos, debemos pedirle al Señor que nos ayude a relacionarnos con las personas que nos ayudarán a descubrir los sistemas que mejor se adaptan a nuestra personalidad. Pidámosle que nos dé la oportunidad de demostrarnos a nosotros mismos y a los demás que nos rodean que hemos cambiado a fin de que nos confíen diferentes tareas en el servicio del Señor.

Vuelvo a recordar que somos hechos a imagen y semejanza de Dios y que Él es creativo, organizado, disciplinado y ordenado en todo lo que hace. Dios siempre está listo para ayudar a todo aquel que quiera cada una de sus cualidades para hacer bien a su obra.

Quizás preguntemos: *Señor, ¿en qué puedo servirte?* Pero antes de poder servir a Dios con eficiencia y calidad, necesitamos poner orden y disciplina en nuestras vidas. Debemos ser ejemplares en todos nuestros caminos para que ninguno nos tenga «en poco». Más bien que podamos impactar y bendecir, como Dios quiere, a las naciones y así llenar la tierra de su hermosa gloria.

Mi deseo es llegar a la altura de las expectativas del Señor. Él me creó con talentos, dones y habilidades para ser una bendición en la edificación de su Iglesia. No le quiero fallar siendo desordenado, indisciplinado e irresponsable. Quiero aprender todo lo que pueda para ser

un soldado cada vez más efectivo y eficiente en este precioso ejército en el que se me ha dado el privilegio de
servir.

Capítulo 7

EL «SÍPERO»: UNA GRAVE ENFERMEDAD

La noche estaba avanzada y habíamos ministrado muchas horas ese día, además de haber viajado de otra ciudad la noche anterior. Del aeropuerto me llevaron directo al auditorio donde se celebraría la reunión. En un cuarto pequeño, atrás del escenario, apenas tuve el tiempo suficiente para cambiarme de ropa y pasar unos momentos en oración antes de empezar la reunión.

Nuestras «Noches de Celebración», que es el nombre que le dimos a nuestros eventos masivos, duran alrededor de tres a cuatro horas y media y la ministración es intensa. En la mayoría de las ocasiones soy yo el que lleva todo el desarrollo del programa. Esta noche no fue la excepción y cuando llegué al hotel, eran cerca de las dos de la mañana. Con la llave en la mano me dirigí a la habitación. Pensaba en lo agradable que sería la almohada y esas sábanas limpias en un hotel que, desde que llegamos nos dimos cuenta que era muy elegante y moderno. Al abrir la puerta, me sorprendió ver una enorme y hermosa suite, sumamente elegante y lujosa. Por un momento pensé que habían cometido un error al entregarme esta habitación, pero recordé las últimas palabras del pastor que me hospedó esa noche: «Hermano, espero que sea de bendición su estancia esta noche. Es un regalo que le queremos hacer de parte de nuestra iglesia».

Al adentrarme en la habitación vi una tarjeta y un arreglo frutal sobre una de las mesas. Me di cuenta que esta linda gente me bendijo con este detalle tan lujoso y espléndido. Me fui por toda la habitación sentándome en cada uno de los sillones y probando cada uno de los sofás. Quería aprovechar al máximo esta hermosa habitación, que además tenía una extraordinaria vista de la ciudad desde el piso número veintitantos. «¡Qué hermosa es la familia de Dios!», pensé. Rápidamente, hice una pequeña oración de agradecimiento y bendición por los hermanos que me hicieron este hermoso regalo y me acosté a dormir.

Al siguiente día llamé a Miriam, mi esposa, para comentarle acerca de la bendición recibida, pero que era lamentable de que solo pudiera disfrutarla por unas cuantas horas pues nos teníamos que ir esa misma mañana. Su comentario al respecto fue: «¡Qué bueno!, pero no te acostumbres». Miriam tenía razón. Esa clase de bendiciones no vienen cada día y, cuando llegan, debemos reconocer que es una bendición para disfrutar en el momento. No debemos llegar al punto de exigir esa clase de trato porque entonces dejaríamos de ser «siervos».

Es fácil servir al Señor cuando las cosas van bien y cuando nos tratan de la manera que lo hicieron esos bellos hermanos. Recuerdo que cuando le dije al Señor que me usara, no le puse ninguna clase de condición. Mi deseo era, y sigue siendo, servirle. No importaba cuán alto fuera el costo ni cuán bueno ni malo sea el trato. Quiero añadir que, en el transcurso de nuestro trabajo para el Señor, habrá gente que nos bendecirá con diferentes cosas. Nos harán regalos, tendrán detalles, como el que acabo de mencionar que en sí no tienen nada de malo. Al contrario, cuando esas bendiciones nos alcanzan, hay que disfrutarlas al máximo.

El problema surge cuando *esperamos* recibir esas cosas o, peor aun, cuando las *exigimos* como parte del «trato» para ministrar. Tenemos que llegar al punto en la vida en que no le pongamos condiciones a nuestro servicio.

En la mayoría de los casos el trato no es como el que antes mencioné. Necesitamos estar dispuestos a servir al Señor sin importar las «condiciones de trabajo». ¿A quién se le ocurre que ha llegado a cierto grado de importancia en su ministerio que tiene el «derecho» a exigir que lo traten de cierta manera? ¿Ya se nos olvidó que le dijimos al Señor «Heme aquí, envíame a mí» sin importar a dónde nos enviaría ni de qué manera lo haría?

Es tiempo de ir buscando un antídoto para esa enfermedad que ha entrado dentro del campamento de los «siervos» del Señor. La enfermedad se llama «el sípero» porque decimos: «Señor, *sí* te quiero servir, *pero*...» o «*Sí*, Señor, envíame a mí, *pero* bajo las siguientes condiciones...» Por eso es que esta enfermedad se llama el «*sí*... *pero*».

No sé dónde, cómo ni cuándo es que perdemos el enfoque de lo que es ser un «siervo» de Dios. ¿Será porque muchos lo vemos como si fuera una profesión o como un *modus vivendi*, algo que hacer, la manera en que nos ganamos el pan, como si fuera cualquier otra vocación común y corriente? O, ¿podrá ser que algunos tenemos años «sirviendo» y nos entra un poco la mentalidad de que ahora «me toca mi porción» y así justificamos la exigencia de cierto trato privilegiado? ¿Se nos han olvidado los días cuando estábamos dispuestos a hacer cualquier cosa con tal de servir al Señor? ¿Se nos han olvidado las veces que le rogamos al pastor que nos diera una oportunidad de hacer lo que fuera con tal de estar cerca del servicio del Señor? Algunos estábamos hasta desesperados por hacer cualquier cosa. Sin embargo, después de «años en el ministerio» ya lo hemos hecho todo, estamos «cansados», o tenemos «rango», «nombre» e «importancia». Ahora, los jóvenes se paran fuera de la puerta de nuestra oficina rogándonos que les demos una oportunidad de ministrar, de servir o de hacer alguna tarea para la obra del Señor. De alguna manera, olvidamos que el trabajo y los años en el ministerio deberían ser sobre todo para hacernos mejores siervos, más experimentados y capacitados para servir aun mejor que nunca. Nunca deberíamos llegar a ese momento donde se nos olvida que ser un «siervo de Dios» es precisamente ser un «siervo»... de Dios.

Cuando consulté el diccionario para saber cómo se definía la palabra «siervo», decía únicamente: «esclavo». ¡ATIZA! Claro y conciso. Sin rodeos. «Esclavo» significa uno que «está bajo la dependencia absoluta del que le compra o hace prisionero». Si fallamos en el trabajo como «siervos», es que dependemos de nuestras habilidades de hacer las cosas y no de Aquel que nos compró con su sangre y nos prometió que nunca nos dejaría ni desampararía (Hebreos 13.5).

Aprender sobre una «dependencia absoluta» es el desafío más grande de cada siervo. El ser humano tiende a ser muy independiente y le es difícil confiar en que alguien más lo cuide mejor que él mismo. Por eso es que a veces recurre a «negociar» el mejor trato posible, velando por sus intereses personales. Sin embargo, el Señor de señores prometió que a los suyos siempre los cuidaría. Él supliría cada una de sus necesidades y nunca les faltaría cosa alguna siempre y cuando hubiera «dependencia absoluta». Nos basta leer y estudiar pasajes como Mateo 6.25-33 para saber que Dios ha pensado en cada uno de los detalles

de nuestra vida. No tenemos por qué velar por nuestro
propio bien si Él lo hace por nosotros:

> Por tanto os digo: No os afanéis por vuestra vida, qué
> habéis de comer o qué habéis de beber; ni por vuestro
> cuerpo, qué habéis de vestir. ¿No es la vida más que el
> alimento, y el cuerpo más que el vestido? Mirad las aves
> del cielo, que no siembran ni siegan, ni recogen en grane-
> ros; y vuestro Padre celestial las alimenta. ¿No valéis
> vosotros mucho más que ellas? ¿Y quién de vosotros
> podrá, por mucho que se afane, añadir a su estatura un
> codo? Y por el vestido, ¿por qué os afanáis? Considerad
> los lirios del campo, cómo crecen: no trabajan ni hilan;
> pero os digo que ni aun Salomón con toda su gloria se
> vistió así como uno de ellos. Y si la hierba del campo que
> hoy es, y mañana se echa en el horno, Dios la viste así, ¿no
> hará mucho más a vosotros, hombres de poca fe? No os
> afanéis, pues, diciendo: ¿Qué comeremos, o qué bebere-
> mos, o qué vestiremos? Porque los gentiles buscan todas
> estas cosas; pero vuestro Padre celestial sabe que tenéis
> necesidad de todas estas cosas. Mas buscad primeramente
> el reino de Dios y su justicia, y todas estas cosas os serán
> añadidas.

Lo que este pasaje nos enseña es que Dios conoce todas
y cada una de nuestras necesidades. Tiene un compromiso
fuerte con nosotros de suplirlas si cumplimos nuestra
parte del compromiso: Buscar primeramente el reino de
Dios y su justicia. Dios sabe cuantos hijos tenemos y todo
lo que comen. Conoce cada uno de nuestros compromisos
para vivir y nos ha prometido que si hacemos lo que nos
corresponde, Él hará lo que a Él le corresponde: Cuidarnos, vestirnos (mejor que lo más glorioso de la naturaleza),

alimentarnos y darnos de beber. Nuestro enfoque no DEBE estar en el alimento ni en la vestimenta, sino en el asegurarnos de buscar el Reino de Dios y su justicia.

Como ya dijimos, la cuestión no es que nos lleguen esas bendiciones y las disfrutemos. El problema está en poner los ojos en las bendiciones y en las «cosas» y no en edificar el Reino del Señor. Esta debe ser nuestra prioridad como siervos. Si somos siervos en verdad, no podemos condicionar nuestro servicio. Un esclavo no le pone condiciones al que «lo compró o hizo prisionero», sino que «depende absolutamente» de él.

EJEMPLOS DE «SIERVOS» Cuando estudiamos cómo el Señor llamó a sus discípulos, descubrimos una lección muy importante. El Señor nos llama a todos a su servicio de una manera muy similar. Sin embargo, es necesario que estemos dispuestos a responder a su llamado.

Desde el inicio de este libro la pregunta que nos hemos hecho es esta: *Señor, ¿en qué puedo servirte?* Si la hicimos con sinceridad y seriedad, debemos responder al Señor de la misma manera que los discípulos: en obediencia total.

Simón y Andrés

El primer relato que veremos es el de Simón Pedro y Andrés, su hermano. Mateo 4.18 nos dice:

> *Andando Jesús junto al mar de Galilea, vio a dos hermanos, Simón, llamado Pedro, y Andrés su hermano, que echaban la red en el mar; porque eran pescadores. Y les dijo: Venid en pos de mí, y os haré pescadores de hombres. Ellos, entonces, dejando al instante las redes, le siguieron.*

Ante tales hechos, me pregunto:

- ¿A qué hora hablaron del salario?

- ¿Quién se encargó del negocio de la pesca que tenían?

- ¿Les habrá importado dejar las redes tiradas al lado del mar?

- ¿Quién se iba a encargar de sus familias?

- ¿Qué iba a ser de su futuro?

- ¿Por qué no «negociaron» los términos del «contrato» en ese instante, ANTES de dejar su negocio?

- ¿Cómo podían estar seguros de que este hombre, para ellos totalmente desconocido, se preocuparía de sus necesidades?

- ¿Qué clase de fe era esta que «al instante» dejaron todo lo que estaban haciendo para seguir a Jesús?

Y, en último lugar:

- ¿Cómo puedo alcanzar esa clase de fe?

Lo que debemos entender de la respuesta de Pedro y Andrés es que el llamado de Jesús tenía tal autoridad y seguridad que ni por un momento pensaron en hacer las preguntas que nosotros haríamos. Este hombre, Jesús, llevaba consigo una autoridad y una seguridad que inspiró en ellos una dependencia absoluta en todos los sentidos. No creo que ni por un segundo se preocuparon de si iban a comer o no. Estaban seguros de que esta persona, que los llamó, se encargaría de ellos. Estaba implícito en el llamado que les hizo. No hacía falta preguntar los detalles.

Entonces, las preguntas que surgen en este momento son: ¿Quién nos ha llamado? y ¿por qué nos preocupan los detalles si Él prometió cuidarnos y protegernos? Si estamos seguros de que Jesús nos llamó, no podemos dudar en los detalles. Asimismo, si dudamos, lo más probable es que Él no nos llamó. Habría que investigar, entonces: ¿QUIÉN nos llamó? Cuando Dios llama... Él sostiene.

Mateo

Otro de los relatos que me inspiran, sorprenden y cautivan es el del llamamiento de Mateo, el publicano. Escogí la lectura que nos da Lucas porque escribe un detalle muy interesante:

> *Después de estas cosas salió, y vio a un publicano llamado Leví, sentado al banco de los tributos públicos, y le dijo: Sígueme. Y dejándolo todo, se levantó y le siguió.* (Lucas 5.27,28)

Este era un hombre de dinero. Desde el punto de vista de muchos, tenía un puesto envidiable. Los publicanos eran esos hombres que recogían los tributos del pueblo y en la mayoría de las ocasiones se tomaban una tajada para ellos mismos. Uno de los publicanos más conocidos de la Biblia es el famoso Zaqueo que se subió al sicómoro para ver a Jesús debido a su baja estatura. En Lucas 19 tenemos el relato de cómo el Señor impactó la vida de este hombre de tal manera que dio la mitad de sus bienes a los pobres y le quedó suficiente para restaurarle a todo aquel que le robó una gran suma: ¡CUATRO VECES más de lo que les había robado! Los publicanos, no lo dude, eran hombres de mucho dinero mal habido. Estos son los antecedentes de este hombre llamado Leví o Mateo.

Veamos el cuadro completo. Mateo se levanta ese día para irse al trabajo sin saber que sería un día que cambiaría su vida para siempre. Esa mañana se lava los dientes, después de un delicioso desayuno que le sirvió una de las sirvientas que trabajaba en su casa. Buscó el periódico porque quería saber los detalles de lo que sucedía en su medio. En él se enteró que un maestro, un profeta, un hombre llamado Jesús, del que le había hablado mucha gente, iba a pasar por su ciudad ese día. No le prestó mayor atención. Hoy iba a estar muy ocupado como para preocuparse por esos fanáticos religiosos que siempre surgían por todos lados. No le preocupaban estos hombres, siempre y cuando cumplieran fielmente con los pagos de los tributos que les correspondía. Sin duda tomó su agenda para saber a quién le tocaba pagar hoy. Analizó, además, la posibilidad de obtener un poco más de dinero con los intereses que iba a poder cobrar. «Al fin y al cabo», quizás pensó, «son muchos los compromisos que tengo que cumplir».

Se marchó para su «banco de tributos públicos». Este era un sitio donde Mateo se sentía cómodo. Representaba un gran gobierno, uno de los imperios más poderosos que la tierra había conocido y un Emperador que permitía a hombres como Mateo, enriquecerse a costa del pueblo. Claro, había quienes lo odiaban y lo miraban con desprecio y rechazo. Sin embargo, según él, ese era un problema de ellos, pues solo cumplía con su deber. Y hoy, como todos los días, iba hacer cumplir la ley con toda la determinación y fuerza que tenía.

Mateo no le dio mucha importancia al ver que se acercaba, muy lentamente, un grupo de personas. Al parecer, venían escuchando hablar a alguien. Se detenían y de pronto seguían caminando. Al ver que se les acercaban, comenzó a fijarse en las personas para ver si reconocía a alguien que no había pagado su tributo.

De pronto se pararon al lado de su banco y el hombre que enseñaba y hablaba con la gente se vira y lo mira. «¿Quién es este hombre?», se preguntó Mateo totalmente atraído con la mirada del que llegaría a ser uno de sus mejores amigos. «¿Por qué me mira así?» Cuando de pronto, el hombre le habla y le dice: «¡Sígueme!» Fue todo. No le dijo a dónde iban. No le dijo cuánto tiempo estarían allá. No le explicó qué haría Mateo en cuanto llegaran, ni quién se encargaría del puesto que tenía como recaudador de impuestos. No le dijo cuántos días de vacaciones podría disfrutar. ¡NADA! Solo le dijo: «Sígueme». Mateo pudo haberle dicho: «Señor, déjame recoger mis cositas, encargar mi puesto a alguien, terminar de cobrar estos últimos impuestos que voy a cobrar hoy, déjame hacer esto o aquello», pero no lo hizo. Esa voz, esa mirada, esa autoridad que sintió cuando oyó esa única palabra eran cosas que el recaudador de impuestos no podía entender ni explicar.

Tal vez Mateo se hizo preguntas como estas: «¿Por qué siento el deseo tan fuerte de obedecer esa orden? ¿Por qué de pronto ni me importa qué va a pasar con el dinero que tengo aquí, dinero que debo entregar a mis superiores y rendir cuentas? ¿Por qué siento esta emoción tan grande? ¿Por qué confío absolutamente que con este hombre me va a ir muy bien?» ¡Cuántas cosas no han de haber pasado por la mente de Mateo en ese momento! Sin embargo, no titubeó, ni vaciló por mucho tiempo porque la Biblia dice que «dejándolo *todo*, se levantó y le siguió».

Mateo dejó TODO: Sus libros, su agenda, el dinero que había recogido ese día, sus talonarios de recibos, su portafolio. ¡TODO! También hubo otras cosas que se quedaron allí ese día: fama, nombre, reputación. Dejó además la vieja manera de hacer las cosas, su corrupción, sus malos hábitos y su sed de poder y dinero. Nació un nuevo Mateo. Un hombre que llegaría a ser una de las piezas clave en cambiar la historia de la humanidad.

Lo que me sigue llamando la atención hasta el día de hoy es que no le puso ninguna clase de condición al Señor. Lo dejó todo al instante y le siguió a partir de ese día. Mateo tenía mucho que perder, humanamente hablando, pero no le importó. De alguna manera supo desde el momento que oyó la palabra «sígueme», que su vida había cambiado y que las cosas nunca volverían a ser igual para él. «Dependencia absoluta en el que lo ha comprado o hecho prisionero».

ENTREGA ABSOLUTA

Cuando estudiaba en la Escuela Bíblica, estructuraron nuestro horario, de tal manera, que los que necesitábamos trabajar para sostener nuestros estudios, lo pudiéramos hacer durante las tardes. En los primeros días de clases habíamos muchos yendo a buscar trabajo todas las tardes. Unos regresaban con historias muy interesantes acerca de las entrevistas y los puestos de trabajo. Otros regresaban con su lista de razones por las que no habían aceptado el puesto. Muchos no aceptaban los puestos porque no les gustaba las «condiciones» de trabajo. Este grupo de personas era el que no hacía un esfuerzo grande en seguir buscando nuevas oportunidades. Solo de vez en cuando preguntaban por aquí o por allá, pero no aceptaban ningún trabajo porque esperaban el trabajo «perfecto» que llenara todas sus expectativas y cumpliera con las condiciones deseadas.

Casi puedo asegurar que este grupo de personas no está activo en el ministerio el día de hoy, aunque en ese entonces era para lo que se preparaban. ¿Por qué estoy casi seguro de que no están en el servicio del Señor? Porque los que constantemente buscan esa «oportunidad dorada», no entienden que esta la reciben solo los que, siendo fieles en lo poco, Dios los pone en lo más.

Sin embargo, los que teníamos muchos deseos de trabajar no nos importaban las condiciones de trabajo. No nos importaban los horarios ni lo difícil del trabajo. Solo nos importaba tener ese ingreso necesario para poder solventar nuestros estudios. Esos éramos los que en un espacio de dos o tres días al máximo, ya teníamos un trabajo. Casi doy por sentado que todos los de este grupo estamos involucrados hoy día en el ministerio del Señor.

¿Cuál es la diferencia entre los dos grupos de personas? Básicamente, una actitud de entrega absoluta. Un deseo de involucrarnos en algo, sin importar las circunstancias. Así deberíamos ser los que le decimos al Señor: *¿En qué puedo servirte?*

Quizás de pronto el Señor nos diga: «Me puedes servir en esto, o en aquello», y nuestra respuesta puede ser: «Señor, ¿no habrá otra cosa en qué servirte? El asunto es que no me gusta mucho lo que me dices que puedo hacer. Me gustaría más hacer aquello o lo demás». Pregunto: ¿Creemos que el Señor puede llamar a personas que siempre le ponen condiciones y que se quejan de lo que están haciendo? Lo que el Señor necesita es gente como Pedro, Andrés, Mateo y los demás discípulos que «al instante» lo dejaron «todo», sin preguntar, sin objeciones y sin condicionar su servicio. ¿Qué clase de personas somos usted y yo?

SEGUIDORES «OFRECIDOS» En una ocasión se acercaron a Jesús para decirle: «Señor, te seguiré adondequiera que vayas» (Lucas 9.57). Me sorprende la respuesta de Jesús porque no se emociona ni se conmueve con esta generosa oferta. El Señor conocía el corazón de aquel impulsivo y le dice: «Las zorras tienen guaridas, y las aves de los cielos nidos; mas el Hijo del Hombre no tiene donde recostar la cabeza» (Lucas 9.58).

¿Por qué el Señor dice esto? ¿Por qué no hace como la mayoría de nosotros? Cuando alguien nos viene a decir que quieren servir al Señor, nos ponemos contentos. Comenzamos a decir todo lo bueno que es servir al Señor y cuántas bendiciones tendrán. ¿Por qué el Señor hace referencia al hecho de que no tiene ni dónde recostar la cabeza? Porque quiere que sus seguidores tengan la misma entrega y devoción sin importar si van o no a disfrutar de un lugar de descanso. Jesús quiere que sus seguidores se den cuenta desde el principio, que las cosas no son como ellos piensan. Jesús quiere asegurarse que no haya «ofrecidos» que piensan que estar en su servicio implica algún símbolo de prestigio o posición social.

Jesús quiere que los que se ofrecen a servirlo sepan que no les hará falta un lindo cuarto de hotel, ni de condiciones especiales para servir. Lo que a Él le importa es que sus seguidores tengan un espíritu de servicio, una actitud de entrega a su obra y una «dependencia absoluta» a Él. De entrada, Jesús está probando las motivaciones del que se brinda a servir y quiere saber si la persona entiende bien lo que implica seguirle.

Lo mismo hace hoy con todos los que le decimos *Señor, ¿en qué puedo servirte?* Jesús quiere saber si entendemos que habrá veces donde no tendremos ni donde recostar la cabeza. Quiere saber si seguimos comprometidos con nuestro ofrecimiento a pesar de esta realidad. Si el Señor puede lograr disuadirnos, Él habrá filtrado a uno más que se ofrece emocionalmente. Alguien que no ha entendido que el servicio al Señor implica un precio alto que hay que pagar. Jesús quiere solo los que estemos dispuestos a pagar ese precio. ¿Hemos oído la voz del Maestro que nos ha dicho «sígueme»? Entonces, debemos seguirle sin importarnos las condiciones que nos esperan.

En esa misma ocasión (Lucas 9.59) el Señor le dice a otra persona que lo siga. Sin embargo, la respuesta que obtuvo fue muy distinta a la de Pedro, Andrés y Mateo. En esta ocasión el que recibió la invitación era uno de esos que tenían alguna otra cosa que hacer. No podía dejarlo todo para seguir a Jesús. Entonces, le responde: «Señor, déjame que primero vaya y entierre a mi padre». La respuesta misma de Jesús nos indica que el hombre en cuestión usó esta petición como una excusa de no obedecer el mandato. El Señor le dice: «Deja que los muertos entierren a sus muertos; y tú ve, y anuncia el reino de Dios».

¡Excusas, excusas! El mundo está lleno de excusas. Cuando de niño no obedecía alguna orden de mi papá y lo trataba de justificar con alguna excusa, él me decía: «El camino al infierno está pavimentado de excusas y buenas intenciones». Dios no necesita nuestras excusas, necesita acción y obediencia de nuestra parte. Necesita más gente como Pedro, Andrés y Mateo que le siguieron sin preguntar nada.

El candidato a discípulo, que falló fue el que le dijo al Señor: «Te seguiré, Señor; *pero* [este sí que estaba lleno del cáncer del "sípero"] déjame que me despida primero de los que están en mi casa». ¡Pobrecito... No lo vayan a extrañar demasiado en su casa! Este hombre, aparte del "sípero", tenía una condición grave de "mamitis". No podía seguir a Jesús hasta no ir antes a cortar el cordón umbilical.

Mire, no importa cuál sea la excusa, pues sigue siendo una excusa. Al Señor no le hacen falta excusas, ¡sino ACCIÓN! Necesita personas que no les importe dónde van a dormir esa noche, como el primero que vimos. Personas que saben que cuando mueran sus padres Dios se encargará de cada uno de los detalles, como el segundo candidato. Personas que sepan que al dejar padre o madre, hermanos o hermanas, Dios les dará cien veces más: «*Y cualquiera que haya dejado casas, o hermanos, o hermanas, o padre, o madre o mujer, o hijos, o tierras por mi nombre, recibirá cien veces más, y heredará la vida eterna*» (Mateo 19.29). ¿Es usted como Pedro, Andrés y Mateo? ¿Se ha visto diciéndole al Señor «Heme aquí», pero después dándole la lista de todas sus excusas? ¿Es de las personas que, no importa cuáles sean las circunstancias, seguirá al Señor a dondequiera que Él vaya? ¿Cómo es usted?

Recibo en mi oficina una cantidad extraordinaria de peticiones de personas que quieren trabajar con nosotros. Les gusta lo que hago. Me han visto en alguna presentación, revista, programa de radio o televisión y de inmediato se van con la idea de que trabajar con Marcos Witt ha de ser algo muy interesante y novedoso.

Sea dicho de paso, me parece interesante (por no decir, triste) que los ministerios menos públicos y que tienen trabajos menos «atractivos» no tienen el problema de rechazar candidatos. No tienen suficiente ayuda para dar abasto con la tarea que tienen a la mano. La razón de esto es que somos demasiados los que queremos servir al Señor a nuestra manera y bajo nuestras condiciones.

Total, que en varias ocasiones hemos dado oportunidades para que ciertos jóvenes se unan al esfuerzo que hacemos para el Señor, bajo la condición de que será algo temporal. Por lo general, esto ocurren en las giras que hacemos. Es aquí donde se requiere más personal trabajando y donde nos hacen falta manos para bajar y subir parlantes, bocinas, equipos, etc. En más de una ocasión, los «candidatos al ministerio» se han ido después de dos o tres días al darse cuenta que el trabajo es más de lo que se imaginaban. Llegan pensando que es una cosa, para de pronto darse cuenta que no es así. En un caso muy particular, una persona vino sabiendo que venía a cargar y descargar equipos y ni siquiera trajo ropa para trabajar. Solo vino con trajes muy elegantes y corbatas. No estoy seguro qué estaba pensando. Quizás creyó que lo íbamos a «lanzar» al ministerio.

El Señor dijo que los que quisiéramos servirle y seguirle tendríamos que «tomar nuestra cruz» (Mateo 16.24). Al único lugar que va Jesús con la cruz es al Calvario. Si vamos a seguir al Señor, nos está dirigiendo al Calvario a morir. A aprender total y «absoluta dependencia» de Él. Una persona crucificada no tiene derechos para exigir absolutamente nada. Una persona crucificada no tiene el derecho de condicionar su muerte. Está a la disposición absoluta de los que le crucificaron. Pablo dijo: «Con Cristo estoy juntamente crucificado y ya no vivo yo, mas vive Cristo en mí» (Gálatas 2.20). Lo que hace falta es que usted y yo nos crucifiquemos con Cristo y dejemos que Él viva a través de nosotros.

He visto que la mayoría de las personas que condicionan su servicio, nunca hacen nada. Nunca quisiera ser esa clase de persona. Quiero ser un hombre siempre listo, dispuesto, que inste «a tiempo y fuera de tiempo». Un hombre con la maleta preparada para ir a dondequiera que el Señor me diga. Con el pasaporte vigente, con una palabra en mi boca y un canto en mi corazón. Listo para hacer cualquier cosa que Él me indique. No quiero ser como los que siempre están esperando que se les presente la oportunidad dorada. Quiero estar buscando las oportunidades, no esperando a que estas vengan a mí. Quiero ser un hombre dispuesto, obediente, «dependiendo absolutamente» de Dios en todo y para todo. Cuando le dije «Heme aquí, envíame a mí», no le puse ninguna condición ni debo ponérsela ahora. Con hotel o sin hotel, le serviré. Con ofrenda o sin ofrenda, le serviré. Con lujos o sin lujos, le serviré. Con la herramienta o sin la herramienta, le serviré. Con amigos o sin amigos, le serviré. Lo que SÍ sé es que Él prometió que siempre estaría conmigo para cuidarme, protegerme y guiarme a toda la verdad. Confío en el Señor y, sí lo prometió, Él no es «hombre para que mienta, ni hijo de hombre para que se arrepienta». Creí, creo y siempre seguiré creyendo en Él. Me vaya bien, me vaya mal o simplemente no me vaya ni bien ni mal. Dios ha sido fiel, seguirá siendo fiel y su fidelidad la he comprobado un día tras otro y un año tras otro. Nunca me ha dado razón para pensar que me va a abandonar. No tengo por qué velar por mis propios intereses si Él los está cuidando mucho mejor que yo. Cada día le pido que me someta al tratamiento que me dejará libre del cáncer del «sípero». Tú necesitas hacer lo mismo si esperas que Dios te use.

Un tiempo después que mi padre murió, a mis dos años de edad, mi mamá encontró en su Biblia las notas de lo que fuera uno de su últimos sermones. El título del mensaje, que hablaba de servir al Señor por amor en entrega total e incondicional, fue: «Sin límite y sin condición». Mi papá fue un hombre que, aunque murió muy joven, lo dio todo para su precioso Señor. Tengo la dicha de contar con esta herencia de siervos que supieron decirle al Señor: «Sin límite y sin condición te serviré, porque sé que tú tendrás cuidado de mí».

Capítulo 8

¿CÓMO SE DELETREA LA PALABRA «ÉXITO»?

¿A quién se le ocurriría la idea de nadar en las aguas peligrosas e infestadas de tiburones entre la isla de Cuba y Estados Unidos solo con el fin de ser la primera persona en la historia en lograrlo y de implantar un récord mundial en natación? La joven se llama Susie Moroney, una australiana de veintiún años de edad que tiene una larga lista de logros en el campo de la natación maratónica. Entre ellos se destacan los siguientes: récord mundial de ser la mujer más veloz en el cruce del Canal de la Mancha, dos ocasiones en el mismo maratón (Inglaterra-Francia-Inglaterra), que logró con diecisiete horas y quince minutos. Récord mundial, en el Libro Guinness, de ser la persona que ha nadado la mayor distancia en un espacio de veinticuatro horas (93,6 km). Además de muchos otros logros que obtuvo, en 1996 hizo el primer intento de cruzar entre la isla de Cuba y Estados Unidos faltando para llegar solo unos cuantos kilómetros. NO queriendo que otra persona lo lograra antes que ella, un año después, en 1997, Susie se propuso hacerlo de nuevo. Solo que en esta segunda ocasión sí lo logró. Cruzó los ciento setenta y ocho kilómetros y tocó suelo en Florida rodeada de una jaula antitiburón después de nadar sin cesar hasta lograr lo que llamaba su «sueño».

«Durante cinco años he tenido mi sueño de ser la primera persona en la historia de cruzar, "tierra a tierra", entre Cuba y Estados Unidos», dice Susie. No sé si tomó nota de la distancia de la que hablamos: ¡ciento setenta y cinco kilómetros! ¡Algunos tenemos dificultad de llegar de nuestro cuarto al baño en las mañanas! No me puedo imaginar cómo serían los últimos cinco o diez kilómetros. ¡No me puedo imaginar lo que sería nadar en alta mar durante cuarenta horas! ¡Qué persistencia! ¡Qué perseverancia!

Me parece increíble que una persona como Susie hiciera lo que hizo solo con el fin de que su nombre quedara escrito en algún libro por ahí. Para que en el futuro otra persona intente romper su récord para que el nombre de esa nueva persona reemplace el de Susie y todo para que, al final de cuentas, todo el mundo olvide el suceso como si nunca hubiera ocurrido.

¿Triste? Cierto. Sin embargo, lo que más entristece es ver la cantidad de personas en las que Dios ha depositado un sinfín de talentos, dones y habilidades y no hacen nada con ellos. Peor todavía es ver las personas que empiezan algo pero no lo terminan por falta de perseverancia, entrega o capacitación. ¿Cuál es el secreto para obtener el éxito? ¿Cuál es la fórmula que nos conduce a la victoria? ¿Cómo se consigue el triunfo? ¿Cuál será el ingrediente principal que tienen los que alcanzan y logran sus objetivos en la vida? Tome nota y apunte porque la palabra «éxito» se deletrea de la siguiente manera:

«p-e-r-s-e-v-e-r-a-n-c-i-a»

Con esta palabra se define la manera en que podemos obtener todas y cada una de las promesas que el Señor nos ha hecho. Tenemos que perseverar en las promesas, creer y no abandonar la obra que hemos empezado en el Señor sabiendo que tampoco Él abandona lo que ha empezado, sino que el que comenzó la obra en nosotros la perfeccionará hasta el día de Jesucristo (Filipenses 1.6). Tenemos que ser como nuestro Señor en este importantísimo detalle. Muchos son los que empiezan algo, pero pocos los que lo terminan y usted y yo necesitamos ser personas que terminemos las cosas. Esa será la clave para alcanzar las promesas del Señor.

Porque os es necesaria la paciencia, para que habiendo hecho la voluntad de Dios, obtengáis la promesa. (Hebreos 10.36)

Si perseveramos [algunas traducciones usan la palabra «sufrimos» que significa perseverar, aguantar, resistir, tomar las cosas con paciencia] *también reinaremos con Él.* (2 Timoteo 2.12)

Así que, hermanos míos amados, estad firmes y constantes, creciendo en la obra del Señor siempre, sabiendo que vuestro trabajo en el Señor no es en vano. (1 Corintios 15.58)

Y vosotros, hermanos, no os canséis de hacer bien. (2 Tesalonicenses 3.13)

No nos cansemos, pues, de hacer bien; porque a su tiempo segaremos, si no desmayamos. (Gálatas 6.9)

LA BIBLIA Y LA PERSEVERANCIA

La Biblia nos habla muchísimo acerca de la perseverancia y tenemos muchos ejemplos de hombres y mujeres que perseveraron para alcanzar las promesas que Dios les había hecho. Lo que tenemos que recordar al leer y estudiar cada una de esas historias, es que eran personas iguales a nosotros (Santiago 5.17). No eran «superhombres», sino hombres de fe. Eran personas que a través del tiempo probaron la fidelidad de Dios, igual que nosotros. Eran personas que pasaron por pruebas para salir victoriosos, igual que nosotros. Eran personas que lucharon, sufrieron y posiblemente en ocasiones aun dudaron de lo que Dios les prometió, igual que nosotros. Eran personas que en muchas ocasiones las circunstancias o el enemigo les gritó en la cara que Dios era un mentiroso y que nunca obtendrían las promesas que les dio, igual que a nosotros... Pero, como usted y yo, tuvieron la opción de creer «en esperanza contra esperanza para llegar a ser» (Romanos 4.18) lo que Dios dijo que podrían llegar a ser. Esa es la decisión que tenemos delante. ¿Podemos ser hombres y mujeres que creemos en Dios y sus promesas? ¿Podemos ser personas que miremos las circunstancias cara a cara y les digamos que la Palabra del Señor es más poderosa que cualquier otra cosa? Si podemos tener el valor suficiente para perseverar a pesar de cualquier obstáculo o circunstancia, seremos igual que los grandes hombres de los que leemos en la Biblia, porque el único ingrediente que los hizo «grandes» fue que con «fe y paciencia» obtuvieron las promesas.

Imitadores de quienes «por la fe y la paciencia heredaron las promesas» (Hebreos 6.12).

Pablo

Si hablamos de hombres extraordinarios, ejemplares y perseverantes, uno de los que más se destacan es el apóstol

Pablo. Todo el fuego y la pasión que lo consumía antes de tener su encuentro con Jesús, lo convirtió en una fuerza poderosa para el establecimiento del Reino del Señor. La Biblia dice que este fariseo llamado Saulo de Tarso, «respiraba amenazas y muerte» (Hechos 9.1) y lo que fue odio, rencor y resentimiento, Dios lo convierte en una pasión ardiente para predicar el evangelio y alcanzar las almas perdidas.

La determinación que demuestra Pablo para hacer las cosas es una de las características sobresalientes de este hombre de Dios. Lo vemos abordando barcos, cruzando mares, caminando días enteros, predicando en esta ciudad, en aquella aldea. En algunos lugares lo recibían bien, pero no en otros. Vemos cómo aquí lo apedrean, allá lo meten a la cárcel, en otro lugar lo golpean y lo castigan con latigazos. Mientras que en algunos lugares la gente se burla de él, en otros lo buscan para matarlo. Es más, en una ciudad hubo un grupo de más de cuarenta hombres que hicieron votos que no comerían hasta que vieran a Pablo muerto (Hechos 23.12). A pesar de toda la oposición y de los golpes, los apedreamientos, las falsas acusaciones, las noches en la cárcel, los naufragios y las noches sin dormir, vemos a un Pablo con una visión singular, con un amor por el perdido, con unas fuerzas inagotables en ir y predicar el evangelio a toda criatura y a toda costa. Cuando leemos sus escritos, nos enteramos de que una de las fuerzas que más lo impulsaba era la del amor por los que no conocían el poder redentor, sanador, restaurador y libertador del sacrificio de Jesús en el Calvario. Propuso dar su vida entera para la causa de predicar estas buenas nuevas de su Señor y lo hizo con dignidad y entrega.

Hablando del apóstol Pablo y la perseverencia, uno de

los ejemplos más impactantes que tenemos de su carácter infatigable y su determinación de seguir adelante a toda costa, es la vez que lo apedrearon en Listra, relato que encontramos en Hechos 14.8-23. Al llegar a esta ciudad, Dios los usa para sanar a un hombre cojo y de pronto, tanto a Pablo como a Bernabé, los proclaman «dioses bajo la semejanza de hombres» y la gente empieza a prepararles una gran fiesta donde pretendían ofrecerles sacrificios. Antes de que esto sucediera, Pablo y Bernabé se «lanzaron entre la multitud» tratando de detener a la gente de hacer semejante barbaridad. Pero, de un momento a otro ya no les van a ofrecer sacrificios, ¡sino que ahora los iban a ofrecer EN sacrificio! Alguien llegó por ahí y convenció a la gente que estos hombres no tan solo no eran dioses, sino que merecían la muerte. Lo más probable es que esa persona les contó alguna mentira relacionada con que el milagro del cojo se realizó con brujería o magia, o algo por el estilo, y la gente los tomó por brujos o hechiceros. Esto no lo sabemos, pero lo que sí sabemos es que el versículo 19 dice que vinieron unos judíos y convencieron a la multitud de que apedrearan a Pablo, lo cual hicieron, arrastrándolo afuera de la ciudad y dejándolo por muerto.

LEER acerca de un apedreamiento puede ser una experiencia muy insignificante para el lector porque no siente encima los golpes de las piedras. Sin embargo, si nos pudiéramos imaginar cómo ese apedreamiento llegó a tal grado que lo dejaron por muerto, podríamos imaginarnos la magnitud de lo que sucedió allí. Repito, ¡lo dejaron por muerto! No sé en su caso, pero según mi experiencia, que en toda mi vida solo he recibido el impacto de una o dos piedras, le aseguro que no fueron experiencias agradables ni mucho menos. Esas pocas ocasiones en que me sucedió fue con niños que nos peleábamos por alguna cosa sin importancia y que pasó tan pronto como llegó, pero nunca me ha tocado tener que recibir una lluvia de piedras en el cuerpo, como el apóstol Pablo en Listra.

Otra cosa que tenemos que recordar es que esta gente lanzaba las piedras con el enojo y el odio de alguien que quiere lastimar a muerte. Entonces podemos imaginarnos de cuán dolorosa fue esta experiencia para Pablo. Cuando creyeron que habían logrado su muerte, porque lo vieron tirado en el suelo inconsciente y ya no escuchaban los gritos de dolor saliendo de su boca, lo arrastran fuera de la ciudad, no lo cargan ni lo llevan, sino que lo *arrastran* fuera de la ciudad. Esto debe haberle causado más dolor y más heridas en su cuerpo ya totalmente destrozado. Es aquí donde tenemos que poner atención a lo siguiente: «Pero rodeándole los discípulos, se levantó y entró en la ciudad; y al día siguiente salió con Bernabé para Derbe» (Hechos 14.20).

«¡Al día siguiente!» Si hubiera sido alguno de nosotros, probablemente al día siguiente estaríamos en recuperación, en descanso o en terapia intensiva, pero no el apóstol Pablo. Estaba listo para seguir con esta gran aventura de establecer el Reino eterno de Dios. Empaca sus maletas, compra sus boletos para Derbe y sigue adelante. ¡Qué determinación! ¡Qué resolución! ¡Qué entrega! ¡Qué ejemplo! Es esta clase de entrega que trae las promesas de Dios a nuestras vidas. Es esta clase de entrega que nos permitirá ver logrados muchos de nuestros sueños y de nuestras metas. Es esta clase de entrega que nos hará campeones.

Lo último que quiero destacar de este pasaje se encuentra en los versículos 21 y 22. Después del apedreamiento en Listra y el viaje a Derbe, Pablo dice que regresó a Listra (la ciudad donde lo dejaron por muerto), a Iconio y Antioquía (las ciudades de donde llegaron los hombres que persuadieron a la multitud para apedrearlo) y confirmó «los ánimos de los discípulos» en esas ciudades. A Pablo no lo tenían que animar, sino que él animaba a los demás. Esta es la clase de perseverancia que nos conduce al éxito. Esta es la clase de perseverancia que necesitamos usted y yo para que nuestro ministerio y servicio para el Señor tenga el impacto que debe tener. Es esta clase de entrega que lleva al apóstol Pablo a escribir en una ocasión:

He peleado la buena batalla, he acabado la carrera, he guardado la fe. Por lo demás, me está guardada la corona de justicia, la cual me dará el Señor, juez justo, en aquel día; y no sólo a mí, sino también a todos los que aman su venida. (2 Timoteo 4.7,8)

Pablo hablaba mucho de la carrera. En 1 Corintios dice lo siguiente: «¿No sabéis que los que corren en el estadio, todos a la verdad corren, pero uno solo se lleva el premio? Corred de tal manera que lo obtengáis» (9.24). La única manera de obtener el premio es permaneciendo en la carrera, persistiendo hasta el final. Terminemos de leer lo que dice al Apóstol en este mismo pasaje: «Así que, yo de esta manera corro, no como a la ventura; de esta manera peleo, no como quien golpea el aire, sino que golpeo mi cuerpo, y lo pongo en servidumbre, no sea que habiendo sido heraldo para otros, yo mismo venga a ser eliminado» (9.26,27).

Eliseo

Otro de los hombres que admiro por su persistencia es

Eliseo. Desde que lo conocemos en el capítulo 19 de 1 Reyes, lo vemos trabajando, ocupado en los negocios de su padre. No era flojo ni perezoso, sino trabajador. «Dios no usa flojos... ni los necesita». (Si desea más detalles sobre este tema, lean el capítulo cinco.) Después de llamado al ministerio en este capítulo, no volvemos a saber nada de Eliseo hasta el segundo capítulo de 2 Reyes. La última mención que tenemos aparece en 1 Reyes 19: «Se levantó y fue tras Elías, y le servía». Es todo: «Le servía». Lo que podemos deducir, por la manera en que Dios bendijo a Eliseo después, es que fue fiel en su servicio y cumplió con sus deberes responsablemente porque Dios siempre premia la fidelidad. No sabemos todo lo que tenía que hacer Eliseo, pero podemos estar seguros que lo que hacía, lo hacía bien y con entrega. Era trabajador, no perezoso, sabía servir y hacer lo que le correspondía.

No sabemos cuándo Eliseo sintió el deseo de tener una doble porción de la unción que había sobre Elías, pero casi estoy seguro que no fue una petición de última hora ni algo que se le ocurrió solo porque sí. Lo que sabemos es que en 2 Reyes 2.9 dice: «Te ruego que una doble porción de tu espíritu sea sobre mí». Me puedo imaginar a Eliseo viendo todas las maravillas que Dios hacía a través de este tremendo profeta y en silencio observando a lo lejos, pensaba: «Señor, quiero la unción que está sobre Elías, solo que la quiero dos veces más poderosa». Me puedo imaginar que este deseo brotaba en su interior porque, sin lugar a dudas, era un hombre que tenía un corazón para las cosas de Dios y quería ser un siervo de Él para bendición de su pueblo. Me puedo imaginar que Eliseo pensó: «Si Elías ha podido bendecir a tanta gente con la unción que tiene, podríamos bendecir DOBLEMENTE a las personas si Dios me permitiera tener el doble de la porción de esa unción». El siervo verdadero siempre está pensando en las necesidades de los demás y no en las suyas. El verdadero siervo es aquel que no le importa que no lo mencionen ni le acrediten las cosas que hace, sino que en silencio sigue sirviendo, pasando inadvertido y sin que nadie lo halague. Así era Eliseo. Nos debe parecer extraordinario que cuando llega el momento de pedir su recompensa, Elías le dice: «Pide *lo que quieras*». ¡Lo que quieras! Esa es la recompensa de la fidelidad y del nunca quitar los ojos de lo que le corresponde al siervo. Eliseo pudo haber pedido un sinfín de cosas, pero lo que pide es en beneficio del pueblo de Dios: Continuar con la unción que bendijo a tantas personas, pero ahora con la posibilidad de tocar el doble de vidas.

No me cabe la menor duda de que Eliseo no solo tuvo el privilegio de pedir lo que quisiera, sino de recibirlo también. Esto se debía a que perseveró en su labor de siervo al siervo. Antes de recibir el poder con esa doble unción, vemos a una persona callada, siempre atrás, no llevándose la gloria de nada ni de nadie, sino perseverando en «servir», según 1 Reyes 19.21. ¿Cómo se deletrea el éxito en la vida de Eliseo? ¿Cómo es que recibe lo que soñó tener? ¿Cómo es que alcanza los deseos de su corazón? No quitando sus ojos de hacer lo que tenía que hacer como siervo. Perseverando en las cosas pequeñas. Conservando su humildad y entregándose a la obra que se le encomendó. Así es como cada uno de nosotros también puede recibir las promesas que el Señor nos ha hecho. Aun cuando el mismo Elías trató de disuadirlo, Eliseo se mantuvo firme, sin titubear en seguir a Elías hasta el último momento, hasta el último segundo, hasta que sus ojos lo dejaran de ver. Eso se llama «persistencia» Todos conocemos el dicho: «El que persevera, triunfa».

Josué y Caleb

Dos hombres de un espíritu distinto a los demás. Dos hombres de fe. Dos hombres que a pesar de la murmuración del pueblo creyeron a Dios y a sus promesas. Dos hombres que perseveraron en lo que creían hasta que sus ojos vieron el cumplimiento de las promesas que Dios les hizo. Cuando Moisés y Aarón envían a doce hombres para analizar la tierra que Dios les prometió, diez de ellos regresaron con un informe muy negativo. Decían que era imposible entrar porque había gigantes y las ciudades eran grandes y fortificadas con muros y un sinfín de excusas más. Los únicos que regresaron diciendo que SÍ se podía entrar y que SÍ era una tierra que valía la pena habitar fueron Josué y Caleb. El informe negativo, que lamentablemente parece siempre tener más fuerza que el positivo, fue el que ganó en el pueblo y se levantó en murmuración, hablando aun de apedrear a Moisés y Aarón (Números 14.10). De no haber sido por la manifestación sobrenatural de Dios, el pueblo hubiera terminado con sus líderes, matándolos a pedradas.

La pregunta que me hago en este momento es: ¿Hasta cuándo insistiremos en no creer a Dios y a sus profetas y dejaremos de apedrearlos cada vez que las cosas no van de acuerdo a lo que pensamos? ¿Hasta cuándo debemos esperar a que se levante toda una generación de Josué y Caleb que diga: «SÍ se puede, NO es imposible», para poder tomar posesión de las cosas que el Señor nos ha prometido? Es hora de que dejemos de creer los informes negativos y pesimistas de todos los que tienen miopía espiritual y aprendamos a creerle a Dios y perseverar en sus promesas para alcanzar lo que nos ha prometido. Los pesimistas son los que dicen cosas como las que se encuentran en Números 14.2: «Y se quejaron contra Moisés y contra Aarón todos los hijos de Israel; y les dijo toda la multitud: ¡Ojalá muriéramos en la tierra de Egipto; o en este desierto ojalá muriéramos!» A los pesimistas también se les cumplen sus deseos: Todos los que murmuraron contra Dios, Moisés y Aarón, tuvieron que morir en el desierto antes de que los demás pudieran entrar en la tierra prometida. Dijo Dios: «Todos los que vieron mi gloria y mis señales que he hecho en Egipto y en el desierto, y me han tentado ya diez veces, y no han oído mi voz, no verán la tierra de la cual juré a sus padres; no ninguno de los que me han irritado la verá ... en este desierto caerán vuestros cuerpos; todo el número de los que fueron contados de entre vosotros, de veinte años arriba, los cuales han murmurado contra mí. Vosotros a la verdad no entraréis en la tierra, por la cual alcé mi mano y juré que os haría habitar en ella» (Números 14.22-23,29-30).

Durante todo el tiempo que transcurrió para que pasara esa generación de murmuradores y que pagaran el castigo de la murmuración a razón de un año por cada día que habían «reconocido la tierra» (v. 34), o sea cuarenta años de castigo, Josué y Caleb nunca dudaron, ni titubearon sino que sabían que esa tierra ya era de ellos. Permanecieron firmes y perseveraron en las promesas que Dios les dio. Tenían un espíritu distinto, un espíritu de fe.

¿Cómo somos usted y yo? ¿Seremos personas que podamos esperar CUARENTA AÑOS para que se cumplan las promesas de Dios? ¿Seremos personas que a pesar de que todos nuestros compañeros dicen que no podemos entrar por estas o aquellas razones, permaneceremos firmes en nuestra fe, sin dudar de todo lo que el Señor nos ha prometido? ¿Tendremos la capacidad y la paciencia para no darnos por vencidos a la mitad de los cuarenta años, cuando de pronto se nos hace muy difícil el precio y no estamos seguros si lo podremos pagar? Todas estas son las preguntas que nos tenemos que hacer ANTES de entrar en el servicio del Señor y ANTES de decirle: *Señor, ¿en qué puedo servirte?* Estas preguntas son las que nos pueden salvar de muchos desalientos y desilusiones que de seguro vendrán en el futuro. Estas preguntas son para hacérnoslas HOY, no después.

> *Pero a mi siervo Caleb, por cuanto hubo en él otro espíritu, y decidió ir en pos de mí, yo le meteré en la tierra donde entró, y su descendencia la tendrá en posesión.* (Números 14.24)

«¡Otro espíritu!» Estas son las palabras que quiero que el Señor utilice cuando vaya a describirme. No quiero ser como todos los que perecieron en el desierto de su ignorancia y que nunca entraron a la tierra de provisión, abundancia y bendición, sino que murieron sin ver cumplidos sus deseos y sueños. Quiero ser como Josué y Caleb que perseveraron hasta que un día vieron logrados sus deseos y sueños. ¿Se imagina la alegría que sintieron estos dos hombres cuando pisaron esa tierra por primera vez después de esperar cuarenta largos, tediosos y frustrantes años? No puedo siquiera imaginarme el gozo que tuvieron cuando les mostraron a sus hijos y nietos la abundancia que había en esta maravillosa tierra, recordándoles a su descendencia que Dios no es hombre para que mienta ni hijo de hombre para que se arrepienta, sino que lo que

prometió, lo cumplirá. Para Josué y Caleb el éxito se dele-
treaba así: «p-e-r-s-e-v-e-r-a-n-c-i-a».

Abraham

Le llamamos el «padre de la fe». Esto se debe a que nos
mostró una fe más extraordinaria que el hombre jamás
viera. Desde el inicio de su historia es un hombre que tuvo
que ejercer fe en cada paso que dio. Abraham conoció a su
Dios de tal manera que nunca dudó de ninguna de las
cosas, ni de las instrucciones que recibió de Él. En Génesis
12.1, Dios le dice a un hombre de setenta y cinco años de
edad: «Vete de tu tierra y de tu parentela, y de la casa de
tu padre, a la tierra que te mostraré». Desde aquí, que es
el comienzo del relato de la vida de este hombre extraordinario, nos damos cuenta de la confianza y la fe que le
tiene Abraham al Señor. A la voz de Dios, empaca todas
sus cosas, toma a su mujer y sus pertenencias y se van de
viaje. ¿A dónde? ¡No lo sabían! Dios no les dio más detalles
que dejar su casa y su tierra. Sin embargo, junto con las
instrucciones le dio una promesa: «Te mostraré». Dios
promete estar con Abraham en cada paso y que lo llevaría
a la tierra que le tiene preparada.

A menos de que tenga esposa, casa, responsabilidades
y quehaceres, no puede entender el alcance de lo que
ocurría en ese momento. No cualquier persona se desarrai-
ga de su tierra, le dice adiós a sus familiares y se marcha a
una tierra que NI SABE dónde está. Esto requiere de una
fe singular. Esta es la clase de fe que tenía Abraham, esta
es la clase de hombre que era Abraham.

De pronto, Abram (que fue el nombre que tenía antes
que Dios se lo cambiara a Abraham, que significa, «padre
de muchas naciones») le pregunta a Dios sobre su descen-

dencia. De seguro la pregunta surge producto de las instrucciones originales de abandonar la tierra de su padre. Dios le dijo a Abram que haría de él una gran nación, pero era imposible empezar una nación a menos que hubiera descendencia. Es allí cuando Dios le promete dar un hijo. La mayoría hemos oído la historia de cómo Abraham trató de arreglar las cosas con sus propios medios, bajo su entendimiento, cometiendo así el error de que naciera Ismael, hijo por derecho, pero fuera del plan de Dios. La lección para todos es que cada vez que tratamos de arreglar las cosas a nuestra manera, solo nos van a salir peor. Tenemos que aprender a esperar en el Señor y a escuchar únicamente su voz. El error principal en el caso de Agar e Ismael fue que Abraham atendió la voz de Sara, su mujer, en lugar de atender las instrucciones del Señor (Génesis 16.1-4). Sin embargo, el hijo que Dios tenía en mente no llegaría hasta muchos años después. Somos muchos los que no estaríamos dispuestos a esperar lo que Abraham esperó para ver cumplida la Palabra de Dios. Esperó veinticinco años desde que Dios le dijo que saliera de la tierra de su padre, hasta el momento en que tuvo a su hijo Isaac, mediante quien Dios cumpliría la promesa que lo haría una nación grande. ¡Veinticinco años! Es fácil decirlo, pero vivirlos en espera del cumplimiento de las promesas es otra cosa. Sin embargo, Abraham perseveró en las promesas del Señor. Lo que lo sostuvo era saber que Dios no era hombre para que mienta, ni hijo de hombre para que se arrepienta de lo que prometió, Él cumpliría, aunque pasaran veinticinco años antes de ver el inicio de esa promesa. Aunque tuviera cien años de edad antes de empezar a ver con sus ojos lo que Dios le dijo que sucedería. ¡Perseverancia! No flaquear... No caer... No dudar... Lo que Dios promete, lo cumplirá.

Cuando vemos vidas de hombres como estos, nos gozamos en la verdad de que no son diferentes a nosotros y que podemos alcanzar las mismas promesas que tuvieron ellos, si tan solo pagamos el precio de la perseverancia y la fe, creyendo que Dios cumple lo que promete. Dios espera hacer mediante nosotros los mismos milagros, los mismos prodigios y las mismas señales que hizo a través de hombres y mujeres consagrados a Él. Sin embargo, tenemos que encontrar fe suficiente para perseverar en sus promesas.

Recordemos que tenemos un Dios que esperará hasta que muera toda una generación de incrédulos y murmuradores, con tal de que permanezcan todos los que SÍ creen a su Palabra para poder heredar la tierra prometida. Dios permita que no seamos de los diez pesimistas que llevaron información negativa, sino como los que perseveraron en las promesas que Dios había dado.

«AL QUE VENCIERE»

En una ocasión, mientras leía el libro de Apocalipsis, me encontré con la frase «Al que venciere», y me di cuenta que hay varias promesas para los que perseveran hasta el fin. Aquí están, tal y como las encontramos en Apocalipsis.

- *Al que venciere, le daré a comer del árbol de la vida, el cual está en medio del paraíso de Dios.* (2.7)

- *El que venciere, no sufrirá daño de la segunda muerte.* (2.11)

- *Al que venciere, daré a comer del maná escondido, y le daré una piedrecita blanca, y en la piedrecita escrito un nombre nuevo, el cual ninguno conoce sino aquel que lo recibe.* (2.17)

- *Al que venciere, yo lo haré columna en el templo de mi Dios, y nunca más saldrá de allí; y escribiré sobre él el nombre de mi Dios, y el nombre de la ciudad de mi Dios, la nueva Jerusalén, la cual desciende del cielo de mi Dios, y mi nombre nuevo.* (3.12)

- *Al que venciere, le daré que se siente conmigo en mi trono, así como yo he vencido, y me he sentado con mi Padre en su trono.* (3.21)

- *El que venciere heredará todas las cosas, y yo seré su Dios, y él será mi hijo.* (21.7)

¡Ocho poderosas promesas para los que perseveremos hasta el fin! Recuerda que la única manera de adquirirlas es perseverando. El que llegue a la mitad no puede pedir ninguna de estas promesas. Es solo para los que «vencen», es decir, pelean la buena batalla, terminan la carrera y guardan la fe, así como lo dijo el apóstol Pablo. ¿Queremos estas promesas? Entonces necesitamos perseverar hasta el fin: «*Mas el que persevere hasta el fin, éste será salvo*» (Palabras de Jesús, Mateo 24.13).

Hay muchísimos versículos más que podríamos usar de referencia y sobre los que podríamos comentar. Pasajes como Juan 8.31 y Juan 15.4; Santiago 5.10,11; Hebreos 12.3; Romanos 2.6,7 ó 2 Corintios 4.16. La Biblia habla constantemente acerca de que debemos perseverar hasta el fin para poder obtener el premio que se nos ha prometido.

Mi pregunta entonces es: ¿Hay promesas que el Señor le ha hecho? ¿Tiene un sueño o una visión que sabe que nació en el corazón de Dios? ¿Se ha confirmado una vez tras otra el llamado de Dios en su vida? ¿Sueña con tener muchas cosas en Dios? Entonces, la encomienda es perseverar en esas promesas y dejar que la prueba de nuestra fe produzca paciencia, dejando que esta tenga su obra completa en nuestra vida para que podamos ser perfectos y cabales, sin que nos falte cosa alguna (Santiago 1.2-4).

Quiero dejarles algunas frases célebres que encontré acerca de la perseverancia y finalizo con unas palabras de nuestro Señor Jesús.

Camino lento, pero nunca camino hacia atrás.

Abraham Lincoln

Por medio de la perseverancia, el caracol llegó hasta el arca de Noé.

Charles Spurgeon

Consideren la estampilla: Su utilidad consiste en pegarse a una cosa hasta que llegue a su destino.

Josh Billings

Paraliza la resistencia con la persistencia.

Woody Hayes

El hombre que mueve montañas empieza con quitar las pequeñas piedras.

Proverbio chino

Y Jesús le dijo: Ninguno que poniendo su mano en el arado mira hacia atrás, es apto para el Reino de Dios.

Lucas 9.62

¿Cómo deletrea la palabra «ÉXITO»? Yo la deletreo:

p-e-r-s-e-v-e-r-a-n-c-i-a

Capítulo 9

¡LÁNZATE!

Juguemos un rato a «Qué hubiera pasado...» ¿Qué hubiera pasado si los hermanos Wright no hubieran hecho los intentos de volar? ¿Qué hubiera pasado si Cristóbal Colón no se lanza al mar para descubrir las nuevas tierras? ¿Que hubiera pasado si Benjamín Franklin no vuela el papalote esa noche que descubre la energía eléctrica? ¿Qué hubiera pasado si Tomás A. Edison se da por vencido en sus miles de intentos de inventar la luz eléctrica? Todas estas personas corrieron enormes riesgos para alcanzar lo que lograron en un simple plano natural. Con sus inventos, cambiaron la manera en que vive el hombre. Pero ahora, llevémoslo a un plano totalmente espiritual. ¿Qué hubiera pasado si cada uno de los hombres que mencionaré de inmediato no hace lo que hizo? La historia de nuestra fe sería muy distinta a la que es. Pero, ¡qué bueno que hubo hombres ordinarios que se lanzaron para hacer cosas extraordinarias en el Señor!

¿Qué hubiera pasado si Abraham no hubiera salido de la tierra de su padre? ¿Qué hubiera pasado si David no mata a Goliat? ¿Qué hubiera pasado si los tres hebreos se postran ante la imagen del rey? ¿Qué hubiera pasado si Ester no entra delante del rey para abogar por su pueblo? ¿Qué hubiera pasado si Josué marcha alrededor de Jericó solo seis veces y no siete? ¿Qué hubiera pasado si Gedeón lleva trompetas pero sin cántaros con teas encendidas?

¿Qué hubiera pasado si Noé no construye el arca? ¿Qué hubiera pasado si Moisés no extiende la vara ante el mar Rojo? ¿Qué hubiera pasado si Pedro no sigue al Señor que le llama? ¿Qué hubiera pasado si Pablo no hace caso de la voz del cielo que le habló en el camino a Damasco? ¿Qué hubiera pasado si el Padre no nos hubiera enviado a su Hijo?

Todas estas preguntas las hago porque cada una de las acciones que menciono fueron actos que representaron un enorme riesgo al hacer cada cosa. Las personas que las hicieron sabían que corrían el riesgo de obtener éxito o de hacer el ridículo. A cada uno nos llega un momento en nuestro llamado en que tenemos que correr cierta cantidad de riesgos para que Dios nos use. Nada se nos sirve sobre un plato de oro, libre de peligro y riesgo, sino que estoy seguro que es OTRA de las muchas maneras que Dios usa para probar nuestra fe y estar seguro de que escuchamos su voz. Tenemos que lanzarnos si queremos que Dios nos use. Todos los hombres y mujeres que Dios usó en la Biblia fueron los que supieron que había un costo muy alto involucrado y estuvieron dispuestos a arriesgarlo todo para pagar ese costo con tal de que el Señor los usara. La última pregunta que hice fue: ¿Qué hubiera pasado si el Padre no nos hubiera enviado a Jesús? La respuesta la conocemos todos y cada uno de nosotros: No hubiéramos tenido la salvación de nuestras almas como la tenemos hoy. ¡Qué bueno que el Padre no escatimó ni a su propio Hijo, ni consideró que el precio ni el riesgo era demasiado alto para así salvar al hombre y reconciliarlo con Él! ¡Gracias Señor por haber hecho tan grande obra de amor!

¿Cuándo llegará el día en que nos levantemos del banco y corramos los riesgos involucrados en servir al Señor?

¿Cuándo abandonaremos la idea de que todo lo que hacemos para el Señor viene sin un costo? Muchos miran otros siervos del Señor y piensan que porque disfrutan las bendiciones que el Señor les ha dado hoy, no pagaron un precio muy alto ayer. Cada persona que Dios usa en el día de hoy es porque ayer tuvo el valor y la entrega de correr muchísimos riesgos, de entrar en el ruedo sabiendo que quizás le costaría la vida misma. Muchos dieron su vida, como mi papá, pero la dieron después de considerar que era parte del riesgo que corrían al estar involucrados en la obra del Señor. ¡TODOS tenemos que llegar a un momento en la vida espiritual de saber si estamos dispuestos a pagar el precio, correr los riesgos y simplemente lanzarnos!

EL EJEMPLO DE ESTER

Una de las historias de la Biblia que más me conmueve es la de Ester. Una jovencita que eligieron en un momento muy crítico del país.

En el gobierno se encontraba un hombre llamado Amán que odiaba al pueblo judío y usaba todo su poder para acabar con ellos. Era un hombre malvado y perverso. Mandó a construir una horca para matar al pariente de Ester, un hombre llamado Mardoqueo, simplemente porque le molestaba, porque no se postraba ante él y porque era judío. Amán manipuló la voluntad del rey, de tal manera, que logró que promulgara un edicto a toda la tierra para que en un día determinado se mataran a todos los judíos sin importar edad. El problema radicaba en que, sin saberlo Amán, la nueva reina era judía.

Dios usa a Mardoqueo para animar a Ester a presentarse delante del rey e interceder por el pueblo, diciéndole: «¿Quién sabe si para esta hora has llegado al reino?» En otras palabras, Mardoqueo le dice que es muy probable que solo para esto Dios la puso como reina: Para salvar al pueblo.

Lo que tenemos que entender a estas alturas de la historia es que presentarse delante del rey no era una cosa tan simple. Ester conocía las reglas y sabía que solo se podía acercar al rey por invitación. De lo contrario, significaba muerte para quien se le acercara. Por lo que vemos, el rey Asuero era un hombre de pasiones intensas, de un liderazgo muy fuerte y un carácter no muy agradable. Recordemos que a Ester la escogieron como reina porque su antecesora, Vasti, no quiso entrar delante del rey cuando este la llamó y por eso perdió la corona. Desde entonces se le recuerda como la reina rebelde y desobediente.

Como ven, el rey Asuero no era alguien para tomarse a la ligera. Ester lo sabía y conocía que corría un riesgo enorme al presentarse delante de él sin previa invitación. Quizás interrumpió aun sus labores diarias al entrar en el salón real donde despachaba ese día el rey Asuero. Sin embargo, Ester corrió el riesgo, se preparó con sus vestiduras más elegantes y se acercó al salón donde se encontraba el rey.

En ese entonces, en el tiempo y contexto histórico de este suceso, y en muchos reinos, las personas al entrar delante del rey podían saber si eran aceptas por un simple hecho: el rey les extendería el cetro que tenía en la mano. Ester sabía que esta era la señal de que seguiría con vida. Por tanto, no quitó sus ojos del cetro al entrar al aposento real. Si el rey no levantaba el cetro, no cabía duda en que en pocos días Ester dejaría de ser reina. Dice en el libro de Ester 5.2: «*Y cuando vio a la reina Ester que estaba en el patio, ella obtuvo gracia ante sus ojos; y el rey le extendió a Ester el cetro de oro que tenía en la mano. Entonces vino Ester y tocó la punta del cetro».* En ese momento, se dio cuenta que valió la pena el riesgo que corrió y que Dios la usaría para salvar a su pueblo.

La historia termina con la muerte de Amán, en la misma horca que le preparó a Mardoqueo, el primo de Ester, y con el pueblo de Dios rescatado de la mano de la muerte. Todo porque una jovencita, con muchos de los mismos temores que tenemos todos, se atrevió a correr el riesgo de hacer algo fuera de lo común, convirtiéndose de esta manera en una persona extraordinaria.

Tenemos que dejar a un lado nuestros temores, nuestros complejos, las mentiras que el enemigo nos ha dicho a lo largo de la vida y lanzarnos a creer a Dios y tener confianza que lo que nos ha prometido es verdad. Necesitamos llegar a ese lugar de absoluta dependencia de Él, sabiendo que nos sostendrá en cada paso que demos, siempre y cuando esos pasos Él los ordene (Salmo 37.23).

¿QUÉ RIESGOS DEBEMOS CORRER?

Una de las definiciones de la palabra «riesgo» es: «posible contratiempo». Un contratiempo es algo que detiene el progreso, algo que frena el avance. Hay varios riesgos fundamentales que necesitamos conocer y estar dispuestos a correr si queremos que Dios nos use.

Arriesguémonos a creer

Es más fácil dudar que tener fe. Abraham tuvo que correr el riesgo de creer lo que Dios le prometió. Tuvo que vencer el temor de no saber hacia dónde iba, ni cómo iba a llegar, sino tuvo fe de que si Dios le llamó, Él se encargaría de los detalles. Tener fe en Dios, cuando hemos escuchado su voz y hemos recibido una directiva de Él nos impulsa a la acción. Si somos hombres y mujeres de fe, seremos de los que actúan. La fe verdadera es la que, después de oír la voz de Dios, se levanta, empaca las maletas y pone manos a la obra en base a lo que ha escuchado. El riesgo está en que necesitamos estar seguros de que hemos discernido la voz de Dios. Por eso es tan importante desarrollar un conocimiento absoluto de la voz de Dios, a tal grado, que cuando escuchemos otras voces podamos discernir de inmediato que no es Dios el que nos está hablando. La única manera en que podemos desarrollar esa sensibilidad a su voz es pasando tiempo en su presencia, teniendo momentos de comunión con Él, pasando largos ratos esperando en Él y escuchándolo. Entre más tiempo pasemos con el Señor, más probabilidades vamos a tener de creer a su Palabra y obedecerla. Estaremos seguros de que oímos su voz, ya que la hemos escuchado en muchísimas otras ocasiones. Es importante llegar a ese lugar de confianza y seguridad para escuchar la voz de Dios.

Hay otras voces que nos hablan también, cada una con su propio plan, su propia idea, su agenda personal y, muchas veces, esos planes van muy en contra de la voluntad del Señor. Esto hace importante el hecho de conocer muy bien la voz de Dios en nuestra vida porque podemos decir que hemos escuchado una instrucción, cuando no es así. Ahí se encuentra otro factor de riesgo. Muchas veces me han preguntado: «Marcos, si me meto en algo que después me doy cuenta que no era de Dios, ¿cómo lo abandono y cuáles son las consecuencias?» Mi opinión personal al respecto tiene dos partes:

1) *¡Qué bueno descubrir y admitir nuestro error!* En ese simple hecho se encuentra una gran parte de la victoria.

De ahí podemos encaminarnos hacia el buen camino donde debemos estar.

2) *Lo más que se perdió aquí es el tiempo.* Necesitamos pedirle perdón al Señor por andar en una dirección que Él no nos trazó. Pero igual que todos nuestros pecados, el Señor nos perdona y nos ayuda a volvernos a encauzar en el camino donde debíamos haber estado.

Con todo eso, prefiero relacionarme con la gente que hace ALGO que con la que nunca hace nada. Es preferible ver personas que corren el riesgo de entrar en acción, a ver esas personas que siempre están esperando la oportunidad dorada, o que están en la hamaca desarrollando su ministerio de «rascapanza», o las que inventan cualquier excusa con tal de no hacer nada. Los que cometemos errores, al menos tenemos los errores de donde aprender valiosas lecciones que de ninguna otra manera hubiéramos aprendido. Necesitamos correr el riesgo de creer que la voz que oímos SÍ es de Dios y de nadie más.

Arriesguémonos a fracasar

La palabra «fracaso» no está en la lista de las diez palabras preferidas de ninguno de nosotros. Sin embargo, es un concepto con el que estamos todos muy bien familiarizados porque la mayoría hemos tenido que pasar por ahí. El que me diga que nunca ha experimentado el fracaso le diría que se está perdiendo de una de las mayores bendiciones y una de las mejores experiencias que el Señor puede permitirnos en la vida para aprender.

La Biblia dice que Jesús fue tentado en todo igual que nosotros (Hebreos 4.15). Que fue un hombre experimentado en dolores (Isaías 53.3). Así que Él mismo conoce el dolor que sentimos cuando fracasamos.

A ninguno de nosotros nos gusta la idea de fracasar y
no es algo que le desearía a nadie. El problema radica en
que la mayoría no nos preparamos para el fracaso. Cuando
este llega, nos toma por absoluta sorpresa y perdemos la
calma. Se nos empeoran las cosas porque no esperábamos
esta posibilidad. Tenemos que correr el riesgo de fracasar.
Pedro fracasó cuando caminó sobre el agua y se empezó a
hundir. Pero de los doce discípulos que estaban en el
barco, Pedro fue el único que pudo darse el lujo de caminar
sobre el agua porque estuvo dispuesto a correr el riesgo de
fracasar. Algunos no se bajaron del barco por incrédulos.
Otros no lo hicieron porque eran demasiado analíticos.
Esto no les permitía comprender que existía la posibilidad
de que ocurriera este «fenómeno» porque el Señor de
señores estaba presente. Tal vez otros de los discípulos no
bajaron del barco para andar sobre el agua solo porque
eran de esa gente que hay por todos lados que no les gusta
arriesgarse por temor al ridículo. A lo mejor pensaban:
«¿Qué van a decir de mí si me empiezo a ahogar? Me voy
a ver muy tonto frente a mis compañeros», y cosas seme-
jantes a esas. Pero a Pedro no le importó ninguno de esos
conceptos. Simplemente sacó el pie del barco y comenzó a
caminar sobre el agua. Corrió el riesgo de fracasar y de
hacer el ridículo. Se arriesgó a creer que la voz que le dijo
«Ven» era la de su poderoso Maestro, dueño de todas las
cosas, Señor del Universo. Corrió el riesgo y por un breve
momento hizo lo que ningún hombre aparte de Jesús ha
hecho en la historia del hombre. Tenemos que arriesgarnos
si es que vamos a caminar sobre el agua.

Arriesguémonos a triunfar

Nos sorprenderíamos de la cantidad de personas que nunca hacen nada solo porque temen triunfar y tener éxito. Es probable que estas personas hayan visto la responsabilidad que viene con el éxito y prefieren no tener que asumir esa clase de responsabilidad. ¡Lamentable, pero verdad! He visto personas empezar a alcanzar algunos de los logros y de las metas que se propusieron y, de pronto, se empiezan a retractar y a dar pasos hacia atrás. Su avance empieza a ser como el de los cangrejos: ¡en reversa!

Es cierto que el éxito trae consigo toda clase de desafíos que nunca hemos tenido antes. Sin embargo, si somos personas de visión, no tendremos por qué temerle a las responsabilidades. Tenemos que recordar que con cada nueva responsabilidad vienen las nuevas fuerzas para poderla enfrentar.

Vale la pena correr el riesgo de triunfar. No nos quedemos al margen sin hacer algo solo porque le tememos al éxito. Emprendamos el camino de paso en paso. Recordemos que cuando lleguemos a ese lugar de triunfo habremos pasado por varios fracasos, varios problemas y varios desafíos. Los mismos que nos habrán servido de maestro en la Universidad del Desierto a fin de llegar al lugar donde hoy nos encontramos. ¡Ánimo! ¡Arriesguémonos a triunfar!

El temor es algo que detiene a muchas personas de lanzarse por fe a grandes cosas para Dios. Tenemos que enfrentar el temor y sacarlo de nuestra vida. Todos tenemos o hemos tenido momentos de temor. Es más, creo que Dios ha puesto algo de temor en nuestra naturaleza para que nos sirva de protección y evitemos hacer tonterías. El problema es que muchos permitimos que el temor reine en nuestra vida, gobierne cada uno de nuestros pensamientos y nos ate para no hacer las cosas que Él nos ha llamado a

hacer. Algunos temen levantarse de la cama en las mañanas porque tiemblan ante la sola idea de resbalarse en el
baño, golpearse la cabeza y morir. Unos no quieren andar
por las calles porque temen que un auto los vaya a atrope-
llar. Otros no quieren hablar con la gente por temor a
exponerse al rechazo, la burla y a malentendidos. Si lo que
sentimos rebasa los límites de lo que es un temor sano,
necesitamos pedirle al Señor que nos ayude a romper con
esa mentalidad y que nos haga salir en fe creyendo sus
promesas y logrando las cosas que nos ha prometido.
Necesitamos pedirle al Señor que llene nuestras vidas con
el amor de Dios porque la Biblia dice que el perfecto amor
echa fuera el temor:

> En el amor no hay temor, sino que el perfecto amor echa
> fuera el temor; porque el temor lleva en sí castigo. De
> donde el que teme, no ha sido perfeccionado en el amor.
> (1 Juan 4.18)

Cuando el amor de Dios nos «perfecciona», no tememos
lo que pueda pasar porque hay una seguridad en el amor
de Dios que no podemos conseguir de ninguna otra manera. Cuando nos refugiamos en el amor de Dios, no le
tememos a ninguna cosa. Veamos el Salmo 91:

> El que habita al abrigo del Altísimo
>   morará bajo la sombra del Todopoderoso.
> Diré yo a Jehovah: «¡Refugio mío y castillo mío,
>   mi Dios en quien confío!»
> Porque Él te librará de la trampa del cazador
>   y de la peste destructora.
> Con sus plumas te cubrirá,

y debajo de sus alas te refugiarás;
escudo y defensa es su verdad.
No tendrás temor de espanto nocturno,
ni de flecha que vuele de día,
ni de peste que ande en la oscuridad,
ni de plaga que en pleno día destruya.
Caerán a tu lado mil
y diez mil a tu mano derecha,
pero a ti no llegará.
Ciertamente con tus ojos mirarás
y verás la recompensa de los impíos.
Porque a Jehovah, que es mi refugio,
al Altísimo, has puesto como tu morada,
no te sobrevendrá mal,
ni la plaga se acercará a tu tienda.
Pues a sus ángeles dará órdenes acerca de ti,
para que te guarden en todos tus caminos.
En sus manos te llevarán,
de modo que tu pie no tropiece en piedra.
Sobre el león y la cobra pisarás;
hollarás al leoncillo y a la serpiente.
«Porque en mí ha puesto su amor, yo lo libraré;
lo pondré en alto,
por cuanto ha conocido mi nombre.
Él me invocará, y yo le responderé;
con él estaré en la angustia.
Lo libraré y lo glorificaré;
lo saciaré de larga vida
y le mostraré mi salvación».

(Versión Reina Valera Actualizada)

Es tiempo de aventurarnos en el Reino del Señor. Es

tiempo de empezar a escuchar su voz y correr los riesgos de obedecerle. En realidad, cuando lo vemos desde el punto de vista de Dios, no hay riesgos porque Él nos sostendrá en cada uno de nuestros pasos. Su diestra de poder siempre estará para levantarnos, guiarnos, protegernos y mantenernos firmes en su obra. Por eso, hay que levantarse de donde estamos y salir a la batalla en el nombre del Señor. Tenemos que hacer las cosas que nos ha llamado a hacer con el poder de su fuerza. Vistámonos de toda la armadura de Dios para poder resistir y vencer al enemigo. Llenémonos de su Santo Espíritu para tener el poder que nos prometió para ser sus testigos fieles. Edifiquemos el Reino de nuestro Señor Jesús. Despojémonos de la cobija del temor, vistámonos del perfecto amor de Dios y salgamos a navegar en las aguas de su Espíritu. Descubramos los aires del poder de Dios y las montañas de su amor, perdón y misericordia.

Vivir para el Señor es una gran aventura que podemos disfrutar de día en día. No nos perdamos un solo momento ni un solo episodio de esta hermosa aventura llamada el Reino de Dios.

No hace mucho me encontré con el siguiente escrito. Me pareció interesante y quiero dejárselos al concluir este capítulo.

Correr riesgos

Al reír,
   corro el riesgo de parecer ser bufón.
Al llorar,
   corro el riesgo de parecer ser sentimental.

Al inmiscuirme en la vida de otro,
    corro el riesgo de esa intromisión.

Al exponer mis sentimientos,
    corro el riesgo de manifestar quién soy en realidad.

Al poner mis ideas y mis sueños ante una multitud,
    corro el riesgo de perderlos.

Al amar,
    corro el riesgo de no ser amado.

Al vivir,
    corro el riesgo de morir.

Al tener esperanza,
    corro el riesgo de la desesperación.

Al intentar hacer algo,
    corro el riesgo de fracasar.

Pero los riesgos se tienen que correr porque el
    obstáculo más grande de la vida es no arriesgar
    nada.

La persona que no arriesga nada, no hace nada,
    no tiene nada ni es nada.

Quizás evitará el sufrimiento y el dolor,
    pero simplemente no puede aprender, sentir,
    cambiar, crecer, amar ni vivir.

Encadenada por sus temores es un esclava.

No es libre. Solo la persona que sabe arriesgar
    todo es libre.

Capítulo 10

¿A TIEMPO COMPLETO O NO?

Una de las preguntas que más escucho es: «¿Cómo puedo saber cuando el Señor me llama a su obra a tiempo completo?» Y es una pregunta muy válida. Si es que existe en su mente, espero que en este último capítulo podamos ayudar a contestar esa pregunta. Además, analizaremos algunas ayudas prácticas que nos sirvan de fronteras y parámetros para saber si somos personas que debemos dedicarnos al servicio del Señor a tiempo completo, a medio tiempo o solo en tiempos que tengamos disponibles.

Una cosa que nos puede ayudar a entender si somos personas a tiempo completo o no es saber que en la viña del Señor hay mucho campo donde trabajar y un sinnúmero de cosas que hacer. Muchos pensamos que las únicas tareas son las de predicar, ser pastor, maestro de escuela bíblica o evangelista, cuando en realidad hay muchísimas cosas que podemos hacer dentro del servicio del Señor.

Lo que necesitamos saber es dónde el Señor nos tiene ubicados dentro de su gran plan: Si somos personas que debemos estar en las primeras filas de batalla o si somos personas de apoyo. Una de las formas sencillas con que explicamos nuestro lugar dentro del plan del Señor es compararlo con un ejército de tiempos actuales. Cuando un país está en guerra, de una manera u otra involucra a todos los habitantes de esa nación. Todos estamos involucrados, solo que algunos estamos en cierto lugar y otros en otro. Es cuestión de entender cuál es mi participación en la guerra y cumplir fielmente con mis deberes.

TRES COMPAÑÍAS En un ejército hay muchas compañías y muchos destacamentos que sirven para distintas funciones. Sin embargo, cada soldado tiene que buscar su lugar y permanecer en él. Por ejemplo, no todos pueden ser parte de la infantería, ni todos pueden ser pilotos en la fuerza aérea, ni tampoco pueden ser todos marineros en la fuerza naval. Cada uno tiene su lugar y, una vez encontrado, debe actuar con autoridad y confianza sabiendo que no hay nadie que ocupe mejor ese lugar. Podríamos analizar en detalles las diferentes secciones que existen en el ejército de Dios, pero para efectos de simplificarlo, lo he dividido en tres grupos principales:

- Los que pelean

- Los que apoyan

- Los que contribuyen

Veamos a cada uno individualmente.

Los que pelean

En cualquier guerra los soldados que pelean son los que reciben la mayoría de las más altas condecoraciones porque hacen uno de los trabajos más difíciles. Estas son las tropas que entran por tierra, aire y mar a tomar la tierra apoyadas entre sí. Por ejemplo, la fuerza aérea prepara el terreno para que entren los que vienen por tierra. Todos se necesitan mutuamente. Una compañía no puede funcionar sin la otra. Si entran las tropas de infantería sin que se les prepare el terreno por aire, lo más probable es que les esperen emboscadas enemigas y caigan en sus trampas causando la muerte de muchos de sus compañeros (algo muy similar en el ámbito espiritual). Si la fuerza aérea se pasa un día tras otro bombardeando y preparando el terreno para que entren las tropas de infantería pero estas nunca lo hacen, ¿cómo se tomará el terreno si no hay quien entre físicamente para hacerlo? No lo pueden hacer desde las cabinas de sus jets de combate. Lo tiene que hacer alguien que lo haga por tierra. De nuevo, cada uno complementa al otro.

En el ejército se tienen disponible toda clase de equipo para poder ejecutar las estrategias en contra del enemigo. Además, se cuenta con varias divisiones tales como naval, aérea, etc., muchísimos recursos a fin de ganarle el terreno al enemigo. Sin embargo, cada uno necesita de la otra y cada una cumple con una función distinta a la de la otra.

Por lo general, los soldados que pelean desarrollan el mismo trabajo y los resultados que obtienen se deben a distintas estrategias. Sin embargo, todos tienen la misma encomienda: Ganarle el terreno al enemigo.

Al hablar de este primer grupo necesitamos hacer muchas preguntas acerca de nuestra participación en el ejército del Señor. No todos tenemos el llamamiento a estar en las primeras filas. Es cierto que de este grupo oímos más cosas y es el que más medallas recibe por su valor en la batalla. De ahí que muchos jóvenes piensan que este es el único grupo al que deben pertenecer. Todos quieren ser predicadores, músicos, evangelistas o maestros cuando quizás nuestra función es en algún otro lugar dentro del ejército.

Para ser soldados de primera fila en la pelea debemos recordar la necesidad de tener otro tipo de preparación. Los entrenamientos son más rigurosos. Debemos someternos a unas disciplinas verdaderamente pesadas porque nos preparamos para el arduo y duro trabajo que es ser parte de este grupo. Es lamentable, pero en el Reino del Señor esta parece ser la parte que se les olvida a la mayoría de los candidatos que quieren enrolarse en el ejército de Dios. No quieren someterse a la disciplina pesada, ni a los trabajos duros. De ahí que cuando la batalla arrecia, tenemos un alto nivel de deserción dentro de este grupo. No estaban bien preparados para resistir todos los desafíos que les sobrevinieron.

Para estar entre los que pelean es necesario someternos a una etapa de intensa preparación. Necesitamos educación especial y entrenamiento enfocado a convertirnos en soldados que se mantengan firmes ante cualquier situación, sin importar lo difícil que esta sea. Debemos tener una mentalidad de entrega total y absoluta. No podemos pensar en que tal vez los de este grupo no sean los que deban entregar sus vidas en pro de la causa, sino que CADA UNO tiene que estar dispuesto a darlo todo, incluyendo la vida misma.

Cuando entran en la guerra, muchos de estos soldados saben que corren el riesgo de no volver a sus casas y de nunca más sentir el calor de la familia. Unos hasta piensan que es muy probable que ni encuentren sus cadáveres para entregárselos a sus familiares a fin de darles cristiana sepultura.

Cada soldado que entra a formar parte de este grupo

dentro del ejército de Dios debe hacerlo con esta clase de convicción y entrega absoluta. De no ser así, está perdiendo su tiempo y el de sus compañeros que sí han tomado en serio la decisión. Si no se tiene esa clase de entrega, podemos causar daños irreparables y aun la muerte de algunos de los que nos rodean. La persona sin entrega total se vuelve distraída y distante al plan de ataque y en cualquier momento el enemigo lo puede matar a él y a varios de los compañeros que le tocaba vigilar.

En 1984 pasé por un momento bastante difícil en mi vida personal. Apenas llevaba un poco más de dos años de dedicarme al ministerio a tiempo completo y me encontraba ante unos desafíos bastante grandes que no esperaba. En momentos como esos el enemigo viene a sembrar ideas de abandonar el puesto y dejar que otros hagan el trabajo. Sinceramente, llegué a pensar esas cosas y permití que la dificultad del momento me quitara el optimismo. Uno de esos días recibí una carta de Ricardo Casteel, un hombre que estimo a pesar de que últimamente he tenido muy poco contacto con él. Entre otras cosas decía lo siguiente:

Marcos, te quiero recordar que somos soldados en el ejército de Dios y que cuando tomamos la espada en la mano, no la soltamos por nada del mundo: Ni por un segundo, ni por un minuto, ni por una hora, ni por un día, ni por una semana, ni por un mes, ni por un año, ni por toda una vida. Vuelve a agarrarte bien de tu espada y no la sueltes nunca.

Con esas palabras se despidió. Este mismo consejo nos sirve a cada uno de los que leemos este relato. No creo que Ricardo sepa cuánto impactaron esas palabras en la vida de un soldado muchos más joven y mucho menos experimentado que él, pero fueron decisivas en este soldado. Gracias, Richard. Que Dios nos ayude a cada uno encontrar a un soldado joven, nuevo e inexperto para ayudarlo a afianzar su control en la espada.

Los que apoyan

Un ejército no podría actuar sin el grupo de apoyo que tiene detrás. Estos hacen todo lo necesario para que estén bien cuidados, bien alimentados y descansados. En este grupo se hacen muchos trabajos que nunca reciben ni siquiera un reconocimiento ni un agradecimiento. Trabajan en silencio. Se dan por entero y con devoción a sus soldados. Se dedican a preparar y planear. Compran, negocian y trabajan en todos los detalles requeridos para manejar un ejército triunfador. En este grupo encontramos un sinfín de oportunidades y oficios sumamente importantes y necesarios. No me atrevo a nombrar algunos porque sin duda no lograría mencionarlos a todos.

A esa lista podemos añadir la nuestra y ampliarla. Son tantas las oportunidades que nunca las terminaríamos de mencionar. Podríamos hablar de la cocina, lavandería, primeros auxilios para los soldados, asistencia administrativa, entrenamiento y capacitación, jardinería, mantenimiento, almacenamiento, limpieza, compras, intendencia, administración, presupuestos, contabilidad, mecánica, construcción. La lista es larga y podría serlo aun más. Un ejército no es completo ni puede funcionar al ciento por ciento sin estas personas. Estas son las que permiten que los soldados se dediquen a lo suyo y eso es pelear en la guerra. Tienen que enfocar todas las energías en ganar la batalla y dejar el trabajo de apoyo a otros que Dios levante.

Un ejemplo de esto lo vemos en el libro de Hechos cuando los apóstoles dicen:

> *No es justo que nosotros dejemos la palabra de Dios, para servir a las mesas. Buscad, pues, hermanos, de entre vosotros a siete varones de buen testimonio, llenos del Espíritu Santo y de sabiduría, a quienes encarguemos de este trabajo. Y nosotros persistiremos en la oración y en el ministerio de la palabra.* (6.2-4)

A estos hombres se les llamó «diáconos». La palabra diácono en griego es *diakoneo* que significa «ser siervo, atender». Los diáconos ayudan a otros en trabajos como servir las mesas y atender muchas otras cosas necesarias. Se encargan de apoyar y parte de este trabajo sirve para obtener la victoria en cualquier ejército. Sin ellos no se podría lograr el triunfo. Así que es importante que siempre tengamos conciencia de la importancia y la relevancia que tienen estas personas. Debemos darle el reconocimiento y el lugar de honra que merecen. Lo digo porque en muchos lugares existen quienes minimizan el trabajo de los equipos de apoyo, de ahí que pocos quieran ser parte de esos equipos. Sin embargo, necesitamos entender que sin ellos no podríamos actuar los que estamos en las primeras filas. Estos son los Eliseo de los Elías. Necesitamos muchos más como Eliseo. Si dudan en serlo, solo recuerden que después de la fidelidad viene la recompensa: «Pide lo que quieras ... [y] te será hecho» (2 Reyes 2.9,10).

Los que contribuyen

A este tercer grupo pertenecen todos los que se quedan en sus ciudades y en sus negocios. Llevan adelante sus trabajos normales y pagan los impuestos para que el gobierno pueda mandar a su ejército al campo de batalla.

El ejército existe gracias a los contribuyentes. Con su dinero se pueden comprar las armas que necesitan los soldados y se pueden enviar a los países en guerra. Se puede comprar alimentos y uniformes. Pero sin dinero el ejército estará mal armado, capacitado, preparado y alimentado. No está apto para salir a la guerra. ¡Cuán importantes son los contribuyentes tanto en el ejército terrenal como en el espiritual!

En el ejército de Dios necesitamos personas que se dediquen a hacer negocios. Se necesitan de los que recaudan el dinero a fin de contribuir a la causa de la evangelización mundial. Es a través de esta compañía de «contribuyentes» que obtenemos dinero para enviar misioneros a otros países, comprar los vehículos y los equipos necesarios para hacer bien el trabajo. Además, se pueden abrir las escuelas y los centros de preparación para los soldados que pelean. Gracias al dinero de los contribuyentes contamos con los recursos para comprar Biblias necesarias en tantos países del mundo. Aseguramos el apoyo a la obra que hay entre las viudas y los huérfanos en muchas naciones. Sin el dinero de los que se quedan en casa no se podría hacer tanto de lo que se hace para el Señor.

Esta tercera compañía es tan importante como las dos primeras porque sin ella no podrían subsistir. Dios lo ha diseñado de tal manera que unos necesitemos de otros para que nadie pueda decir que lo ha hecho solo. Necesitamos la colaboración de todos nuestros compañeros para poder obtener la victoria. La tarea de la evangelización mundial es enorme y la podemos llevar adelante si cada una de estas compañías cumple su cometido.

A veces se dan casos que personas de la compañía de apoyo quieren ir a pelear. Entonces, abandona su puesto en un mal momento sin tener en cuenta la voluntad de sus superiores y compañeros. Sin embargo, como le falta capacitación y equipos para hacerlo, acaba como un herido más, si es que no lo matan.

Muchas veces se nos olvida nuestro lugar y queremos hacer algo que hacen otros porque parece interesante y nos llama la atención. ¡Cuánta falta hace que constantemente alentemos a los soldados a permanecer en el sitio donde deben estar!

Los que tienen el llamado a pelear no deben buscar otra posición. Ese es el lugar donde el Señor nos puso y debemos trabajar duro y fielmente a fin de cumplir con cada uno de los objetivos que tenemos por delante. Si tenemos el llamado a la segunda compañía, la de apoyo, pongamos todo nuestro corazón en la tarea. Oremos con fervor por los que están en el frente de batalla, trabajemos con más intensidad para estar seguros de que todas las necesidades de los soldados se suplen y que no falta nada.

No nos cansemos, pues de hacer el bien aunque nadie nos vea, ni nos reconozca, aunque a la hora de entregar las medallas no exista una de «Al que mejor apoyó». Hagamos nuestra labor como para el Señor (Romanos 14.8) sin buscar reconocimiento ni ninguna clase de medalla. Estas personas son las que tienen que reconocer que en aquel gran día final, Dios tendrá el récord de todas las cosas que hicieron para Él y premiará a cada uno conforme a sus obras (Mateo 16.27).

Si Dios nos ha permitido ser parte de la tercera compañía, la de los contribuyentes, tenemos un deber y una responsabilidad que cumplir. Debemos entregar nuestros bienes, recursos naturales y el fruto de nuestro trabajo para que la Palabra del Señor llegue a todas las naciones. Si Dios no nos encuentra siendo fieles en lo que nos ha entregado, nos lo quitará (recordemos la parábola de los talentos) y se los dará a quien sepa ser fiel con lo que se le ha encomendado.

En este tercer grupo de personas existe una responsabilidad tremenda. Es lamentable, pero cuando Dios comienza a bendecir a algunos, piensan equivocadamente que esas bendiciones son para amasar alguna fortuna o tesoro personal. Sin embargo, Dios es muy claro en su Palabra al enseñar que las bendiciones que nos da son para que seamos de bendición a todos los que nos rodean. En el instante que empecemos a usar las bendiciones de Dios como un beneficio personal, Él retirará su bendición de nuestra vida. No nos puede confiar sus riquezas porque las usamos para fines indebidos. Así que, si creemos que Dios nos llama a esta tercera compañía, debemos tener un buen concepto bíblico respecto al uso que le debemos dar al dinero.

¿EN CUÁL COMPAÑÍA DEBEMOS SERVIR? Una vez analizadas las tres diferentes compañías en que podemos participar, debemos decidir a cuál compañía el Señor nos ha llamado. Es necesario que de inmediato nos enrolemos y empecemos a trabajar según las responsabilidades. En la tercera compañía, es obvio que no se puede ser a tiempo completo. Sin embargo, en la segunda sí se puede ser a tiempo completo, a medio tiempo o quizás menos tiempo. Por ejemplo, como un voluntario varias veces a la semana o trabajando en horarios distintos a los de su trabajo secular.

Dicho sea de paso, a los de la tercera compañía, que muchas veces piensan que porque sostienen la obra con su dinero están exentos del servicio, les tengo noticias: TODOS tenemos que aportar algo de nuestro tiempo y esfuerzo para ver crecer el Reino de Dios. NO es excusa suficiente que esté aportando su dinero a la causa. También debe involucrarse en el trabajo del Señor haciendo algo aunque sea insignificante a sus ojos. Nada es pequeño a los ojos de Dios.

Los que tenemos el llamado al frente de batalla, definitivamente tenemos que entregar todo el tiempo en algún momento u otro. Tal vez estemos por el momento trabajando como las tres compañías en una. Esos casos se dan a montones, pero lo ideal es que cuanto antes busquemos los que puedan «servir las mesas» (Hechos 6). Esto es necesario para que los que peleamos nos dediquemos a hacerle la guerra al enemigo, despojando el infierno para poblar el cielo. Ante tal actitud de servicio, las personas que nos rodean comenzarán a ver que Dios nos ha llamado a ser guerreros en el ejército de Dios y decidirán apoyarnos. Cuando menos lo pensemos, Dios habrá puesto a miembros de la compañía de contribuyentes para que sostengan el trabajo de ganar almas. Asimismo, nos daremos cuenta que a nuestro alrededor habrán miembros de la compañía de apoyo que estarán allí dando sus vidas por la causa de establecer el nombre de Cristo en toda la tierra.

Cuando llegue el momento en que se necesite que los de la compañía de apoyo estén a tiempo completo porque el calor de la batalla se ha acrecentado, Dios llamará más miembros de la compañía de contribuyentes para que el trabajo no mengüe, sino crezca. Dios lo tiene todo «muy bien calculado». Lo que nos corresponde es ajustarnos a su plan y no tratar de imponerle el nuestro a Él.

Hasta aquí, lo que hemos tratado de establecer es que sin importar si estamos o no a tiempo completo en la obra del Señor, somos clave en el trabajo que Él está haciendo. No debemos menospreciar ni minimizar la buena obra que Dios está logrando a través de cada una de nuestras vidas y de los talentos que nos ha dado para hacer la tarea. ¡Bendito sea el nombre de Dios!

¿CÓMO SABER SI YA ES HORA PARA EL TIEMPO COMPLETO?

En tiempos más antiguos, antes de inventar tantos sistemas de navegación tan sofisticados, los barcos usaban una serie de elementos que facilitaban la navegación al puerto, donde existe el peligro de encallar. Para evitar que esto sucediera, implementaron un sistema interesante de varias luces en línea. Al colocarlas de tal manera que parecieran una sola luz, el barco se podría dirigir a esa luz libre de todo peligro. Si las luces se podían distinguir individualmente, el barco no podría dirigirse al puerto. Tendría que esperar hasta que las cuatro, cinco o seis luces estuvieran en línea de tal manera que se distinguieran como una sola luz. Este es el sistema que usa Dios con los que no quieren encallar, quedando varados en la arena de la confusión y del desorden. Hay varios elementos que Dios alineará con el fin de que podamos entrar al puerto de su voluntad con éxito, seguridad y confianza. Veamos algunos de estos elementos.

Una pasión que consume

Ninguno que tiene el llamado al frente de batalla va sin

tener una pasión ardiente por la causa de Cristo. Simplemente es imposible estar en las primeras filas sin un ardor en el corazón por ver rescatadas las almas de las garras del enemigo que las ha cautivado y esclavizado con el pecado.

Una de las primeras señales que recibiremos, si tenemos el llamado al servicio del Señor a tiempo completo, es ese fuego en el corazón. Anhelaremos ver que el nombre, la fama y la bandera de Jesucristo se establezcan en el mundo entero y ver a las personas correr arrepentidas a la cruz de Jesús. Es una pasión que no lo deja a uno en paz. Es un fuego que arde sin consumirse. Es algo difícil de explicar, se tiene que experimentar. Habrá momentos en que las lágrimas vendrán a los ojos y se sentirá un dolor en el corazón al pensar en las personas que pasarán una eternidad sin Cristo en el fuego eterno. Este será uno de los primeros síntomas de que tenemos el llamado a pelear.

Sin embargo, tener la pasión no es todo. Existen personas que han tenido la pasión y se lanzan sin la preparación adecuada, estando fuera del tiempo del Señor y no terminan lo que empiezan porque no era ni el tiempo ni tampoco tenían la preparación. Por ejemplo, la joven Susie Maroney, de la cual hablamos en el capítulo ocho, no pudo haber cruzado ese mar sin antes haberse entrenado durante años y sin haber pasado las primeras pruebas. Son muchísimos los soldados que han querido entrar en el ejército del Señor, pero que han terminado como estadísticas. No estaban preparados para la obra y se dejaron guiar solo por la pasión que sentían en el corazón. Tenemos que tomarlo en conjunto con las demás «luces» que el Señor está alineando en nuestras vidas.

Confirmación en la Palabra

Otra de las señales que nos permitirán comprobar si somos o no llamados a tiempo completo es que Dios nos empezará a hablar. Nos confirmará diferentes cosas a través de su Palabra. Algunas veces estaremos en nuestra lectura bíblica cotidiana y resaltará un versículo que antes no habíamos considerado. Ese pasaje nos confirmará algo que Dios ha estado hablando a nuestra vida. De pronto un día, mientras escuchamos algún mensaje, el predicador utiliza un pasaje bíblico que quizás se convierta en una confirmación de algo que hemos estado sintiendo en nuestro corazón.

Dios siempre confirma las cosas a través de su Palabra. Es la revelación de su naturaleza y corazón. Mientras más conocemos su Palabra, más firmes podemos andar en todos nuestros caminos. En verdad, es «lámpara ... y lumbrera» a nuestro camino (Salmo 119.105). Una regla que siempre debemos seguir es la de nunca hacer algo hasta que tengamos la confirmación de Dios mediante su Palabra escrita.

Su Palabra hablada

Quizás estemos escuchando mediante una enseñanza o una predicación. También puede ser a través de un canto, himno o alabanza. Dios habla a través de hombres y mujeres que tiene en su servicio en este momento. Hay muchas maneras de escuchar esta Palabra, solo que necesitamos estar atentos para escucharla. En la actualidad, Dios también habla a través de sus profetas (1 Corintios 12.28; Efesios 3.5; 2 Pedro 3.2). Por ellos nos da palabras que confirman las que Él directamente ya nos ha estado diciendo. Una profecía no debe ser para dirección, sino para confirmación (2 Pedro 1.19-21). Toda profecía que recibimos del Señor tendrá que confirmarse por la Palabra escrita. La palabra hablada, ya sea a través de una predicación, una exhortación o una profecía, sigue teniendo una importancia enorme en nuestra vida siempre y cuando se confirme con la Palabra de Dios escrita. Cuidado con cualquier palabra hablada que no se documente bien con la Palabra escrita de Dios. Cuidado también con las personas que dicen tener una palabra de profecía para su vida y luego se la quieren entregar en algún rincón oscuro, lejos del oído de los demás. Cualquier palabra que el Señor quiere entregarnos la podrán escuchar todas las demás personas. Es más, la Biblia dice que un profeta habla mientras los demás juzgan (1 Corintios 14.29).

La paz de Dios

No podemos hablar lo suficiente sobre la paz de Dios. La Escritura nos dice:

> *Por nada estéis afanosos, sino sean conocidas vuestras peticiones delante de Dios en toda oración y ruego, con acción de gracias. Y la paz de Dios que sobrepasa todo entendimiento, guardará vuestros corazones y vuestros pensamientos en Cristo Jesús.* (Filipenses 4.6,7)

Esta será una de las señales más fuertes de que nos movemos dentro de la voluntad de Dios. El autor de la paz (1 Corintios 14.33) es Dios y cuando caminamos en su voluntad y deseo, su paz nos acompañará a todos lados. Si no tenemos la paz de Dios en algo, deberíamos tomarlo como una muy clara dirección de que Él no nos está guiando.

Dios no está donde hay confusión porque Él no es el autor de la confusión. De ser posible, debemos alejarnos de cualquier situación que nos esté confundiendo. Tenemos que acercarnos cada vez más al Autor de la paz. No hay nada que se compare a la bendición de tener la paz de Dios en cada decisión y en cada paso que damos. Cuando tenemos su paz, podemos caminar con confianza y autoridad sin temor al enemigo. Su paz nos guarda, nos mantiene y nos sostiene en los momentos difíciles. ¡Qué bueno que tenemos un Dios de paz! Esta será otra de las «luces» que se alinearán en nuestra vida, dándonos dirección para tomar una buena decisión.

Las circunstancias

Muchos señalamos este punto como el principal cuando debería ser solo uno de varios que deben alinearse. He oído a muchas personas usar esta frase: «Se me abrió esta puerta y solo Dios podría haberla abierto». Necesitamos tener cuidado con «puertas abiertas» porque el enemigo es muy astuto en distraer los propósitos de Dios para nuestras vidas.

Quizás existan puertas abiertas, que aun Dios lo permite, para probar nuestra determinación o nivel de entrega para lo que sentimos que es el ministerio que Él nos ha dado. No todas las puertas que se nos abren vienen de Dios. No porque haya una puerta abierta quiere decir que debemos entrar. ¡Mucho cuidado! Por lo general (aunque sí existen casos extraordinarios), después que todas las demás señales están en sus lugares, de pronto las circunstancias también acompañan todas las demás pruebas. Cuando Dios pone todo en su lugar, no tenemos que preocuparnos de si se nos van a abrir o no las puertas, Él mismo se encargará de que se nos abran.

La idea de que «tenemos que entrar por esa puerta porque ya está abierta», como si fuera la única y última oportunidad de hacerlo, no es necesariamente un indicio de que es la voluntad de Dios. Todas las demás «luces» necesitan estar en línea para saber que es la voluntad de Dios. Le aseguro que cuando las cosas vienen de Dios, las circunstancias fluyen con una facilidad increíble.

¿QUÉ HACEMOS EN ESTE MOMENTO?

Debemos seguir buscando a Dios, clamando para conocer su voluntad. Debemos seguir participando con lo que tenemos en la mano, sin esperar tenerlo todo. Debemos seguir ordenando y disciplinando nuestra vida. Buscando el consejo de los líderes, pastores y seres queridos. Sigamos buscando la Palabra de Dios y manteniéndonos fieles en los puestos que tenemos a nuestro cargo.

Ahora quiero destacar algo muy importante. Los hombres de la Biblia que estudiamos y que vimos cómo Dios los usó fueron llamados a tiempo completo de servicio mientras hacían sus tareas cotidianas. Moisés, David, Eliseo, Gedeón, los discípulos del Señor, solo hacían lo de todos los días, ni más ni menos. El Señor los llamó a servirle a tiempo completo mientras cumplían fielmente sus responsabilidades diarias. Esto es lo que tenemos que hacer todos: ser fieles y firmes en las cosas que el Señor nos ha puesto delante para hacer hoy. Entonces, a su tiempo y manera, Él alineará todas y cada una de las «luces» para que naveguemos en el servicio y lleguemos al puerto seguro de su voluntad. Si una o varias de las luces no están en línea, sigamos navegando. Sigamos fieles y firmes sin alterar el rumbo del barco hasta que todas las luces estén alineadas.

Uno de los principales propósitos que establecí al escribir este libro fue hablar tan positivamente del servicio al Señor, que nos dieran unos deseos enormes de involucrarnos en su obra cada vez más. Mi oración fue, y sigue siendo, que después de leer este libro, el deseo de servir al Señor crezca a tal grado en los lectores, que se apasionen por darle lo mejor de sus vida al servicio del Señor.

La mies a la verdad es mucha, mas los obreros pocos; por tanto rogad al Señor de la mies que envíe obreros a su mies. (Lucas 10.2)

Nuestra oración debe ser: «Señor, ¿seré uno de los obreros que quieres enviar a la mies?» Después de hacernos esta pregunta no temamos la respuesta. Comencemos a prepararnos para la obra del Señor. Ya sea que seamos de los que pelean, los que apoyan o los que contribuyen, entreguemos nuestro todo a Él y dejemos que nos vaya guiando por el camino de su perfecta voluntad. Le aseguro una cosa: No habrá felicidad fuera de la voluntad de Dios. Estando en su voluntad, no importa dónde sea, ni qué tarea o responsabilidad tengamos, habrá una alegría, una paz y una felicidad que ninguna otra cosa puede traer a nuestra vida. Espero que encuentre ese lugar seguro en la voluntad perfecta del Señor de la mies.

Señor, HEME AQUÍ, envíame a mí.

CONCLUSIÓN

Quisiera hacer la siguiente conclusión: Hay tanto trabajo que hacer en el Reino del Señor, que se requiere que todos hagamos una parte para ver lograda la evangelización mundial. Todos tenemos el llamado a esta obra y tenemos un lugar importante en ella. Es cuestión de movilizarnos, ubicarnos y actuar en esta enorme empresa de que toda persona escuche al menos una vez el mensaje de salvación que es mediante el Señor Jesucristo.

En la actualidad existen más de dos mil grupos y etnias que aún no han oído ni siquiera por primera vez mencionar el nombre de Jesús. Es decir, son poblaciones de millones de personas que si nos acercamos a preguntarles si han escuchado hablar de un tal Jesucristo, su respuesta sería: «NO». ¿Difícil de creer? Pues, aunque lo sea, es verdad.

Mientras esto ocurre tenemos un sinnúmero de personas peleándose por los miembros de otras congregaciones, iglesias dividiéndose porque no están de acuerdo con esto o aquello, personas que empiezan sus propias congregaciones después de dividir la de su pastor porque dicen querer tener un ministerio. Hermanos, esto es una afrenta al nombre del Señor. Durante todo el tiempo que nos encontramos en pleito, millones se mueren cada día sin la luz de la esperanza de Jesús. Si en verdad queremos un ministerio, debemos ir a alguno de estos países donde el reto es en serio. Allí el desafío es grande porque necesitan la luz del Evangelio. Dejémonos de pelearnos por esas ovejitas que saltan de una congregación a otra. Salgamos a las calles, hagamos de las plazas y de las esquinas el lugar de trabajo. Comencemos a mostrar el amor de Dios de manera tangible a través de actos de servicio y amor a la comunidad en la que vivimos. Todo esto será un mejor púlpito que cualquier otro para predicar a Cristo.

Hay muchas maneras de predicar a Jesús. Sin embargo, necesitamos pedirle al Señor que nos dé creatividad para hacerlo como nunca se ha hecho. Debemos pedirle que nos dé una clave para poder impactar a nuestra generación para Él. Dios está en continuo movimiento y este siempre es hacia adelante. Marchemos con Él. Escuchemos su voz para conocer las estrategias que Él quiere usar para alcanzar a estas nuevas generaciones.

Te quiero desafiar a que te involucres de alguna manera en la tarea de la evangelización mundial. Comunícate con alguna de las muchas agencias misioneras e investiga de qué manera puedes ser de bendición. Además, toma parte activa en algunos de los esfuerzos de oración e intercesión que se llevan a cabo con el objetivo de interceder por los países no alcanzados. Adquiere un libro como «Operación Mundo» para tener datos, estadísticas e información para poder orar con eficacia e inteligencia. Participa en viajes misioneros a fin de que veas de primera mano la necesidad que existe en las naciones. No cierres los ojos a la necesidad de un mundo que vive sin Cristo. No cierres los oídos al clamor de la gente que vive en angustia, esclavizada por el pecado y el enemigo de su alma. Deja que el Señor te encuentre listo, dispuesto y preparado para ir a su mies. Recuerda que todos somos una de estas dos cosas: misioneros o campos misioneros. ¿Qué eres tú?

Porque todo aquel que invoque el nombre del Señor será salvo. ¿Cómo, pues, invocarán a aquel en quien no han creído? ¿Y cómo creerán a aquel de quien no han oído? ¿Y cómo oirán sin haber quien les predique? ¿Y cómo predicarán sin que sean enviados? Como está escrito: ¡Cuán hermosos son los pies de los que anuncian el evangelio de las cosas buenas! (Romanos 10.13-15, RVA)

«SEÑOR, ¿EN QUÉ PUEDO SERVIRTE?»

Te has hecho esta pregunta, pero aún no encuentras respuesta. Deseas conocer cómo participar en el crecimiento del Reino de nuestro Señor, pero temes al fracaso. ¡No más dudas!

Marcos Witt, en su nuevo libro *Señor, ¿en qué puedo servirte?* responde a estas y a otras inquietudes que te impulsarán a que te levantes y hagas las cosas que Dios te ha capacitado a hacer.

Señor, ¿en qué puedo servirte? ofrece ayudas prácticas para todas las personas que anhelan enfrascarse en el Reino de Cristo.

«Como siempre, mi deseo es que este libro sea una ayuda práctica a tu vida. De ninguna manera pretendo que sea una obra teológica, sino que espero que los consejos que aquí brindo te sean de ayuda, bendición, inspiración y motivación para tu vida en el Señor».

—MARCOS WITT

¡ACEPTA EL RETO!
¡NO ESPERES UN MINUTO MÁS!
¡ESTÁS A TIEMPO!

MARCOS WITT

«SEÑOR, ¿EN QUÉ PUEDO SERVIRTE?»

¡MÁS RECURSOS PARA TU
CRECIMIENTO ESPIRITUAL!

¿Qué HACEMOS con estos MÚSICOS?
MARCOS WITT

Adoremos
Marcos Witt